T0274517

YA DÉJAME EN PAZ, MAMÁ (Y TÚ TAMBIÉN, PAPÁ)

MARIO GUERRA

YA DÉJAME EN PAZ, MAMÁ (Y TÚ TAMBIÉN, PAPÁ)

Cómo silenciar la voz interior que heredamos de nuestros padres

AGUILAR

El papel utilizado para la impresión de este libro ha sido fabricado a partir de madera
procedente de bosques y plantaciones gestionadas con los más altos estándares ambientales,
garantizando una explotación de los recursos sostenible con el medio ambiente y beneficiosa para las personas.

Ya déjame en paz, mamá (y tú también, papá)
Cómo silenciar la voz interior que heredamos de nuestros padres

Primera edición: septiembre, 2024

D. R. © 2024, Mario Guerra

D. R. © 2024, derechos de edición mundiales en lengua castellana:
Penguin Random House Grupo Editorial, S. A. de C. V.
Blvd. Miguel de Cervantes Saavedra núm. 301, 1er piso,
colonia Granada, alcaldía Miguel Hidalgo, C. P. 11520,
Ciudad de México

penguinlibros.com

Penguin Random House Grupo Editorial apoya la protección del *copyright*.
El *copyright* estimula la creatividad, defiende la diversidad en el ámbito de las ideas y el conocimiento,
promueve la libre expresión y favorece una cultura viva. Gracias por comprar una edición autorizada
de este libro y por respetar las leyes del Derecho de Autor y *copyright*. Al hacerlo está respaldando a los autores
y permitiendo que PRHGE continúe publicando libros para todos los lectores.

Queda prohibido bajo las sanciones establecidas por las leyes escanear, reproducir total o parcialmente esta obra
por cualquier medio o procedimiento así como la distribución de ejemplares
mediante alquiler o préstamo público sin previa autorización.
Si necesita fotocopiar o escanear algún fragmento de esta obra diríjase a CemPro
(Centro Mexicano de Protección y Fomento de los Derechos de Autor, https://cempro.com.mx).

ISBN: 978-607-384-820-6

Impreso en México – *Printed in Mexico*

ÍNDICE

Introducción

"Yo también amaba a mi madre", dije.
"Todavía lo hago. Esa es la cuestión:
nunca desaparece, incluso si la persona lo hace".

ANNA CAREY, escritora

Imagina una mañana cualquiera, el sol apenas despuntando en el horizonte y las calles cobrando vida con el ir y venir de la gente. Entre ese bullicio cotidiano, una escena tan común como extraordinaria captura mi atención: una niña de unos seis años adelantándose a su madre que le sigue los pasos mientras le lanza una cascada de instrucciones y recomendaciones para un viaje escolar. La pequeña, con la determinación que solo los niños poseen, se detiene en seco, se gira hacia su madre y, con una mezcla de exasperación y anhelo de independencia, exclama: "¡Ya déjame en paz mamá!"

En ese instante, algo resonó profundamente en mí. Era como si las voces de innumerables pacientes, que a lo largo de los años han compartido sus historias en mi consultorio, se hubieran unido en el grito de libertad de esa niña. Este libro nace de ese momento de epifanía, de la comprensión de que, en algún punto de nuestras vidas, todos hemos deseado, en mayor o menor medida, liberarnos de las expectativas y de las voces de nuestros padres para encontrar nuestro camino. Las voces, recalco, porque ya no son siempre ellos los que de alguna manera quieren seguir dirigiendo nuestras vidas adultas; a veces sí, pero más allá de eso, es el eco de su voz que se manifiesta en nuestra cabeza. Ya sea para criticar, endulzar, aconsejar o incluso para generar culpa y una especie de deuda eterna. "¿Cómo no tenerla, si me dieron la vida?" Algunos dirán casi de forma automática y reactiva, ante cualquier intento de cuestionamiento interno o externo de esas figuras que son tan grandes como necesarias, tan omnipresentes como indelebles, tan creadoras como destructoras.

Ya déjame en paz mamá (y tú también, papá) es más que un título; es un eco de ese deseo universal de autonomía, un recordatorio de que, aunque el amor y la guía de nuestros padres son fundamentales, llega un momento en el que debemos aprender a escuchar nuestra voz, incluso a esa voz también cuestionarla. Este libro es una invitación a acompañarte en ese viaje hacia la autenticidad y la independencia emocional.

A través de estas páginas te propongo un diálogo cálido y cercano, como el que tendríamos en una tarde de café, donde exploraremos juntos cómo las voces de nuestros padres han modelado nuestras vidas y cómo podemos empezar a dialogar con ellas de una manera que nos permita crecer. Sí, porque no siempre se trata de eliminarlas o convertirlas en oráculos, sino más bien cambiar la relación que tenemos con ellas, aunque en el proceso haya que empezar a tender puentes y fronteras para que, si es posible, puedas incluso sanar tu relación con esas figuras parentales. En este libro encontrarás estrategias prácticas, reflexiones y, sobre todo, comprensión y apoyo en tu proceso de establecer límites saludables y de redescubrir tu voz. Lo digo y lo repito, aunque el título pueda sonar irreverente, no es mi intención hacer que mi voz antagonice con esas voces parentales. No tengo ese poder.

INTRODUCCIÓN

Silenciar las voces que nuestros padres nos han heredado no tiene la intención de callarlos, sino de que haya un espacio de silencio para escuchar nuestra voz y que entonces miremos la realidad un poco más como es, sin los filtros de la devoción, el miedo, la culpa o el resentimiento. Y si piensas que esas voces a veces no razonan y no se callan, es precisamente porque hemos puesto nuestra voz a su servicio. A veces, incluso, la han secuestrado. Sus voces se han convertido en parte de la nuestra y así cuesta convencerlas de que nos miren como realmente somos o que cambien de opinión. Y vaya que cuesta, porque ahora ya se han convertido en ecos; proyecciones de un pasado que a veces suena muy presente, especialmente cuando los padres quieren seguir teniendo una influencia activa en nuestra vida adulta.

Y reconozco que "familia" puede significar muchas cosas diferentes para cada uno de nosotros. Algunos enfrentamos estos retos con padres biológicos, mientras otros podrían estar transitando por complejidades similares con padrastros, tutores o figuras parentales no convencionales. Cada relación tiene sus desafíos y lecciones, y aunque los ejemplos en este libro con frecuencia se centran en padres e hijos en el sentido tradicional, los principios y reflexiones que exploramos son aplicables a una amplia gama de situaciones y configuraciones relacionales. El contenido que ofrezco es para cualquiera que se vea a sí mismo en la búsqueda de autonomía y comprensión, independientemente de la forma de su estructura familiar.

Este libro es un homenaje a todos nuestros momentos de claridad, a las veces que, como la niña de la anécdota, nos detenemos, nos damos la vuelta y decidimos tomar las riendas de nuestra vida. Es un viaje hacia la comprensión de que, aunque las voces de nuestros padres siempre formarán parte de nosotros, somos nosotros quienes elegimos qué hacer con ellas. Es una lectura para hijos adultos, pero también para los padres de hijos de cualquier edad. En estas páginas hablaremos de la relación con los padres presentes y los ausentes, los vivos y los que se han marchado.

Bienvenido a este camino de descubrimiento, donde aprenderás no solo a decir: "Ya déjame en paz", sino también a escucharte, a valorarte y, finalmente, a amarte con una libertad renovada.

1. LAS HISTORIAS QUE NOS CONTARON: LA INFLUENCIA DE MAMÁ Y PAPÁ

Me acordé de lo que me había dicho mi madre:
"Allá me oirás mejor. Estaré más cerca de ti.
Encontrarás más cercana la voz de mis recuerdos
que la de mi muerte,
si es que alguna vez la muerte ha tenido alguna voz.
Mi madre... La viva."
JUAN RULFO, Pedro Páramo

Desde que nacemos, las voces de nuestros padres comienzan a forjar nuestra visión del mundo y de nosotros. Son ellos quienes nos introducen a la conciencia de lo que está bien y lo que está mal, quienes nos brindan las primeras palabras de aliento y, a veces, las primeras críticas que escuchamos.

Nuestros padres, con sus historias, son los primeros autores de la nuestra. No partimos de cero porque traemos la influencia de lo que nos han heredado, no solo de forma genética, sino con cada interacción con ellos desde el comienzo de nuestra vida. Pero además, con cada palabra, gesto y acción, nos van contando quiénes somos, o mejor dicho, cómo nos ven y lo que esperan de nosotros. Yo siempre he sostenido que nuestros padres no nos enseñan cómo es el mundo, sino cómo ven ellos el mundo, y si nos hicieran esta aclaración en algún momento de la vida (cuanto antes mejor), quizá no tendríamos la sensación de no ser suficientes o sentirnos hechos a mano. En fin, la cuestión es que nos enseñan a interpretar el mundo y a entender nuestro lugar en él. Estas narrativas iniciales, llenas de amor, miedo, esperanza y expectativas, forman el marco dentro del cual comenzamos a construir la manera en que nos percibimos y de lo que somos capaces de lograr. Sin embargo, no debemos olvidar que todo este andamiaje está construido desde la perspectiva de "lo que debería de ser" para ellos, la sociedad y la cultura.

La forma en que los padres se comunican con los hijos desde una edad temprana tiene un impacto significativo en el desarrollo de la autoestima y el autoconcepto. Los niños cuyos padres les ofrecen una retroalimentación positiva constante tienden a desarrollar una mayor confianza en sí mismos y una actitud resiliente frente a los desafíos que presenta la vida. Por el contrario, aquellos expuestos a comentarios negativos o críticos de forma habitual, pueden internalizar una imagen de sí mismos menos capaz o indigna.

Por ejemplo, pensemos que en un parque un niño pequeño juega bajo la atenta mirada de sus padres; de repente, el niño tropieza y cae. Antes de que las lágrimas broten, papá o mamá se acerca con palabras de consuelo, levantándolo con una mezcla de firmeza y ternura. En ese instante, más allá del dolor físico y el susto, algo más profundo sucede: una sensación de seguridad, la certeza de que, pase lo que pase, hay alguien que estará allí para protegerlo, enseñarle y guiarlo, en lo que aprende a hacerlo por sí mismo. ¿Qué hubiera pasado en este mismo ejemplo?, sin en vez de acercarse a ofrecer apoyo y consuelo, desde la distancia su padre o su madre le hubieran dicho con un tono triunfal al verle tirado en el piso? "Te dije que no corrieras así porque te ibas a caer, ¿te lo dije o no? Eso te pasa por no hacerme caso." Esta escena revela mucho del tipo de relación que los padres forman con un hijo.

Influencia temprana y narrativas familiares, no solo son papá y mamá

La formación de nuestra identidad comienza en los brazos de quienes nos cuidan. Las palabras que nos susurran, llenas de amor, miedo, esperanza y a veces de preocupación, comienzan a dibujar el mapa de cómo nos vemos y de cómo vemos a nuestro mundo. Cada elogio, cada crítica, se convierte en una pieza del rompecabezas de nuestra imagen. Las expectativas que depositan sobre nosotros, conformadas por sueños propios y ajenos, pueden convertirse tanto en vientos que nos impulsan hacia adelante, como en cadenas que nos anclan hasta el fondo, especialmente, cuando sentimos que no las podemos cumplir, pero que estamos obligados a ello.

Las familias, con sus tradiciones y mitos propios, nos envuelven en narrativas que van formando nuestra visión del mundo. Las historias de nuestros antepasados, las leyendas de sus logros y fracasos familiares, nos sitúan dentro de una saga mucho más grande que nuestra existencia individual. A medida que crecemos, podemos comenzar a ver estas historias con otros ojos, preguntándonos cuántas y cuáles de ellas queremos seguir realmente. Cuando nos atrevemos a hacer este cuestionamiento, es casi un rito de paso hacia la construcción de nuestra historia. Por cierto, nuestro padre y madre normalmente están sujetos también a esos mitos y narraciones familiares; han moldeado su forma de ver el mundo, de contar las historias, de criar y hasta de evaluar, evaluarse y evaluarnos.

Nuestras primeras lecciones sobre el amor, la confianza y el conflicto vienen dictadas por el microcosmos de nuestra familia. Aprendemos a comunicarnos, a amar y hasta a herir basándonos en los modelos que tenemos más cerca. La dinámica de nuestras relaciones futuras, los patrones que repetimos o aquellos que nos esforzamos por evitar, encuentran sus raíces en estas primeras interacciones. La habilidad para establecer límites saludables, para decir "te quiero" o "no quiero esto", comienza cuando somos capaces de reconocer nuestras necesidades personales.

¿Por qué nos importan tanto esas voces? ¿Qué buscamos en ellas?

La teoría del apego que desarrolló el doctor John Bowlby, psiquiatra y psicoanalista, nos ofrece un claro reflejo de nuestras relaciones más tempranas para revelarnos por qué las voces de mamá y papá resuenan tan fuerte en nuestras vidas. Él nos dice que esos primeros lazos, abrazos y palabras no son solo cuidados físicos; son los cimientos sobre los cuales aprendemos a amar, a confiar, y sí, a veces, a temer. Nuestros padres, en sus imperfecciones y con todo su amor, se convierten en los primeros maestros del arte de conectarnos con el mundo. Nos enseñan a través de sus ojos cómo deberíamos vernos y ver a nuestro alrededor. Pero, como en cualquier escuela de la vida, a veces las lecciones son claras y luminosas, y otras ocasiones, nos dejan más preguntas que respuestas.

Pero es importante recordar que estos primeros reflejos que tenemos de nosotros vienen de "espejos". ¿Por qué lo digo? Porque cuando somos pequeños, ante la imposibilidad de percibirnos, nuestros padres cubren la función de un espejo del yo interior. Como nos ven es como aprendemos a mirarnos, lo cual no significa que sea como realmente somos y, por supuesto, no es raro que estos primeros espejos en los que nos miramos estén a veces algo empañados o incluso rotos. Siendo así, puede que nos muestren una imagen distorsionada de quiénes somos, cargada de expectativas y decepciones que no nos pertenecen. Debo insistir en esto: cuando nos miramos a un espejo, no nos estamos viendo a nosotros, estamos viendo un reflejo que ese espejo nos devuelve; este será tan claro y fiel a la realidad en la medida en que tenga la capacidad de reflejarnos y no esté roto, opaco o retorcido por sus vivencias. Quizá convenga recordar esas casas de los espejos de las ferias en donde mirarnos más grandes, más gordos, más pequeños o más flacos de lo que somos, causa risa y nos divierte. Pero no es así cuando este reflejo es permanente y una voz nos dice que somos eso que vemos; así de retorcido, roto o distorsionado.

¿Ese del espejo eres tú o es tu reflejo distorsionado por el espejo?

Y es así que todo comienza con la comprensión de que, aunque sus voces fueron las primeras que escuchamos, no son las únicas que definirán el camino de nuestra vida. En este camino nos enfrentamos a la gran encrucijada de querer pertenecer y al mismo tiempo, desear ser auténticamente nosotros. Este equilibrio delicado entre buscar su aprobación y mantener nuestra esencia, es donde se encuentra nuestra verdadera libertad.

Comenzar a hacernos preguntas profundas, a distinguir entre las voces que nos elevan y aquellas que nos limitan, es el inicio de un proceso de transformación personal que resulta ser un camino de descubrimiento y afirmación, donde la meta no es rechazar por completo esas voces iniciales, sino aprender a escucharlas de una manera nueva, integrándolas en una historia más rica y personal. A fin de cuentas, los sonidos de la voz de mamá y papá son solo el preludio de nuestra voz, una voz que solo nosotros podemos crear.

Orígenes de nuestras narrativas

La presencia de las figuras parentales en nuestras vidas puede variar enormemente, dependiendo de circunstancias personales, cambios en la relación y la evolución de la manera en que nos percibimos. Se pueden manifestar en tres modos principales, cada uno con sus dinámicas y desafíos. Y aunque en el capítulo 6 abordaré estas presencias de manera más detallada, es muy importante irlas ubicando desde este primer capítulo.

Los que están y siguen influyendo

Aquí me refiero a las personas que desempeñan el papel de nuestra madre y nuestro padre y que están físicamente presentes y continúan ejerciendo una influencia directa en nuestras decisiones, creencias y comportamientos. Esta influencia puede ser tanto positiva como negativa, dependiendo de la naturaleza de la relación y de cómo se comunican y se interpretan las expectativas y consejos. Aún existen aquellos que activamente dictan algunas instrucciones a un hijo o hija adultos acerca de cómo comportarse, cómo vestirse, qué tanto trabajar, en dónde vacacionar, la forma de criar a los hijos y hasta cómo debe comportarse con la pareja. Bueno, en algunos casos hasta dictan el tipo de pareja que debe elegirse.

La clave aquí es aprender a navegar en esta influencia continua de manera saludable, estableciendo límites claros y comunicando nuestras necesidades y deseos. Es muy tentador complacer para acallar esas voces, pero hacer eso es garantía de perpetuidad. Si ofreces sacrificios a la voz para que se calle, un día la voz pedirá más de lo que puedas dar y entonces caerás en los abismos de los malos hijos por no complacer al oráculo con el consecuente castigo de la vergüenza, la ingratitud y la culpa eterna. El desafío es mantener una relación de respeto mutuo, donde la influencia no se convierta en coacción o manipulación. Esto también lo veremos en futuros capítulos.

Los que ya no están, pero siguen influyendo

Para aquellos cuyos padres han fallecido o están ausentes por otras razones, su influencia no desaparece con su ausencia física. Con frecuencia, esta presencia se internaliza, convirtiéndose en parte de nuestro diálogo interno, guiando o juzgando nuestras acciones desde el recuerdo y, para algunos, desde el más allá. Cuesta mucho desafiar la autoridad de alguien a quien no se le puede juzgar porque "ya está juzgado" y a quien se siente que se le debe sometimiento disfrazado de amor. A esos que ya no están, a veces se les sigue quedando a deber, no importa lo que se logre.

Reconocer y diferenciar entre la influencia constructiva y limitante de estas voces, es muy importante. Es posible honrar su memoria y aprender de ellas mientras se forja un camino propio que refleje nuestra identidad y valores individuales. Y claro, también es posible ponerles límites si sabemos manejar la culpa adecuadamente. También de eso hablaremos.

Los que están y siguen intentando influir

En algunos casos, las figuras parentales no solo están presentes, sino que también se esfuerzan activamente por dirigir o controlar aspectos significativos de nuestras vidas, quizá con la mejor de las intenciones. Sin embargo, aunque no lo consigan del todo, esto puede sentirse abrumador y puede afectar profundamente la relación y la convivencia aun en momentos esporádicos. Enfrentar esta dinámica implica abogar por nuestro espacio para crecer y tomar decisiones. Esto puede requerir conversaciones difíciles donde se expresen tanto el aprecio por su cuidado como la necesidad de autonomía personal.

Y claramente, están las figuras parentales que permiten la individualidad e influyen, porque esto es inevitable; pero lo hacen no desde la manipulación, el chantaje o la imposición, sino desde la inspiración y la aceptación de que los hijos, a la edad que sea, no son objeto de su propiedad, ni deben ser clones de lo que ellos han sido.

Entender cómo estas voces se manifiestan y ejercen influencia en nuestras vidas es el primer paso hacia una mayor autonomía emocional. Cada uno de estos modos presenta oportunidades únicas para el crecimiento personal, la reafirmación de límites y la redefinición de nuestra relación con las figuras parentales. La meta es encontrar un equilibrio que nos permita apreciar y aprender su presencia sin permitir que definan completamente quiénes somos o qué elegimos ser. En el capítulo 5 veremos la forma de establecer límites y ganar autonomía.

Habiendo establecido cómo los padres inician nuestra educación emocional y psicológica, exploremos a continuación cómo estas primeras lecciones se traducen en patrones persistentes a lo largo de nuestras vidas.

Cómo las historias de nuestros padres moldean nuestra vida

¿Alguna vez has considerado cuánto de lo que crees, valoras y decides está entintado por estas historias tempranas? Por ejemplo, imagina crecer escuchando a tu madre hablar de sus relaciones pasadas, marcadas por la desilusión y el desengaño, concluyendo siempre con un "todos los hombres son iguales". Estas palabras, dichas quizá en momentos de vulnerabilidad, se convierten en un lente a través del cual empiezas a ver tus relaciones, incluso tu identidad. Sin darte cuenta, cada desacuerdo o malentendido se filtra por esta creencia heredada, y te encuentras en guardia, protegiéndote de heridas que aún no has sufrido o sintiéndote impotente ante lo "incambiable". Una historia así ya no es solo de tu madre; poco a poco, se ha convertido en la tuya, tejiendo dudas en tus conexiones más íntimas, incluso antes de que tengan la oportunidad de florecer.

Hace mucho una persona en terapia me contaba cómo su madre siempre le aconsejaba que ella debería de ser independiente y no tener hijos. Porque si le tocaba un mal marido, ella podría mandarlo a volar e irse a donde quisiera con total libertad. Cuando le pregunté qué cómo era la relación de sus padres, me contó que su padre era muy dedicado con ella y sus hermanos; pero que su madre veía telenovelas turcas y siempre decía que un día se iba a ir a buscar a un hombre de verdad por allá. Y que si no se iba, era porque tenía que sacar adelante a todos sus hijos. Por cierto, creo que no necesito decir que la paciente que me contó esto nunca tuvo hijos y jamás tuvo una pareja estable en su vida.

Esta advertencia de la madre a su hija, nace quizá de su experiencia o miedos, y se convierte en una narrativa poderosa que resuena a lo largo de su vida, influenciando sus decisiones más íntimas y personales. "Si te casas y resulta ser un mal hombre, puedes dejarlo, pero si tienes hijos con él, estarás atada para siempre", es una frase que encierra no solo una visión del matrimonio y la maternidad, sino también una profunda preocupación por el dolor y la vulnerabilidad asociados con relaciones fallidas.

La historia revela que cuando el miedo se internaliza a través de las advertencias y experiencias de figuras de autoridad como los padres, puede convertirse en un factor determinante en nuestras decisiones más fundamentales. La elección de no tener hijos, en este caso, se presenta no como una decisión nacida del deseo personal o de la reflexión individual, sino como una estrategia de evitación del dolor potencial, influenciada por el temor a las complicaciones y ataduras permanentes que podrían surgir de una relación problemática.

Historias como esa nos invitan a reflexionar sobre la importancia de discernir entre las preocupaciones y miedos heredados de nuestras figuras parentales y nuestras creencias. En ciertos casos es beneficioso considerar las experiencias de nuestros padres, pero también conviene reconocer cuándo estas influencias nos alejan de nuestros valores y aspiraciones. La tarea de diferenciar entre el miedo internalizado y nuestras auténticas convicciones personales es esencial para recuperar la autonomía sobre nuestras vidas y decisiones.

En otro ejemplo, imaginemos a un padre, un hombre de logros y reconocimientos, que le ha contado a un hijo, desde pequeño, las historias de su ascenso, enfatizando siempre que "el éxito es el fruto del esfuerzo y la dedicación". Ese niño admira la fortaleza y habilidad de su padre, pero también siente el peso de su expectativa en cada elección que hace. El éxito, en esa familia, tiene un único rostro: el profesional. Así, cada vez que se enfrente a una decisión importante, su definición de éxito resonará en su mente, guiando sus pasos, a veces alejándose de lo que realmente desea para su vida. La pasión y el placer se convierten en lujos secundarios, supeditados al mandato familiar del éxito.

En otra ocasión, un paciente de unos 50 años, me contó cómo nunca conseguía dar gusto a su padre, quien por cierto lo tenía trabajando en un negocio familiar como intendente. Una vez, aquel padre le pidió pintar una habitación y el hijo lo hizo. El padre fue a supervisar y dijo que aquello estaba mal hecho, que era una porquería y que le diera otra mano de pintura. Así lo hizo mi paciente y al terminar, el padre volvió a supervisar. Esta vez encontró algunos defectos en el acabado y le dijo que las cosas deberían hacerse bien o que mejor no se hicieran. Por tercera vez el hijo repintó la habitación. Y por tercera vez el padre fue a juzgar aquel trabajo, pero ahora, mirando profundamente el resultado por unos segundos, suspiró y le dijo: "¿Sabes qué? Ya déjalo así, está visto que no puedes hacer nada mejor que esto. De tantas manos que le diste el color ya no es el que yo quería, pero ya que así se quede".

Ni siquiera puedo imaginar la sensación que aquel hombre adulto debió sentir cada vez que su padre lo descalificaba de esa manera, pero a la vez lo mantenía sometido a su aprobación mediante la humillación constante.

Finalmente, pensemos que tú creciste oyendo a tus padres hablar de "lo tradicional", de seguir un camino seguro, teniendo un trabajo "estable", una casa y una familia. Sin embargo, en el fondo de tu corazón, tal vez una voz diferente susurra sueños de aventura, de explorar lo desconocido, de seguir tu pasión, aunque eso signifique enfrentar la incertidumbre. La decisión de estudiar arte, de viajar, de emprender tu negocio; cada una representa un paso que te aleja de lo establecido, pero te acerca a tus propios sueños. En cada elección, tendrás que enfrentarte al miedo, tanto propio como reflejado en los ojos de tus padres, pero también descubrirás tu fortaleza y tu capacidad para forjar un destino propio. No será fácil porque tal vez las voces de la duda, la culpa y el miedo te hablen todas las noches al oído, haciéndote titubear.

Desarrollar resiliencia frente al miedo implica un proceso de introspección y la fortaleza de confrontar las narrativas que hemos asumido como propias. Significa preguntarnos: "¿Esta decisión refleja lo que verdaderamente quiero o estoy actuando desde un lugar de miedo?" Al hacerlo, podemos comenzar a liberarnos de las cadenas invisibles del temor y abrirnos a la posibilidad de tomar decisiones que reflejen nuestra verdadera esencia y deseos. Es vital promover un diálogo abierto y reflexivo sobre cómo las advertencias y miedos transmitidos por nuestras figuras parentales influyen en nuestras elecciones. De cómo desarrollar resiliencia hablaré con más detalle en el capítulo 4.

La formación del diálogo interno

Es a partir de mamá, papá y otras figuras de autoridad, entretejidas con los hilos de experiencias, enseñanzas y emociones, que se forma una voz que es tan íntima como poderosa: nuestro diálogo interno. Esta voz interna narra nuestra existencia momento a momento; es como el eco de todas las voces que hemos escuchado, especialmente, las de nuestros padres durante los años formativos.

Desde pequeños, somos receptores de una constante corriente de retroalimentación por parte de nuestros padres o cuidadores. Cada "¡muy bien!" y cada "no deberías de haber hecho eso" se va almacenando en nuestra mente, contribuyendo a la construcción de esa voz interna que nos felicita o nos reprende. Pero, ¿qué sucede cuando estas voces adoptan un tono crítico perpetuo, heredado de las expectativas no cumplidas o las críticas constantes de nuestros padres? Probablemente, se conviertan en voces que secuestran a la nuestra y no la dejan expresarse.

El diálogo interno puede convertirse en nuestro mayor aliado o nuestro crítico más severo. Puede ser la fuente de nuestra autoconfianza, impulsándonos hacia adelante con palabras de aliento, de apoyo o puede sumirnos en la duda y el miedo, recordándonos constantemente nuestras fallas. Reconocer el origen de este diálogo es indispensable para comenzar a transformarlo, y esto comienza con el reconocimiento de esas voces internalizadas. ¿Son realmente nuestras creencias las que escuchamos o estamos repitiendo lo que nos han enseñado? Aprender a cuestionar y, cuando sea necesario, desafiar estas voces internas, es un paso necesario hacia la construcción y fortalecimiento de nuestra autoestima.

Pero el camino hacia la reconfiguración de nuestro diálogo interno no es un viaje que se hace de la noche a la mañana. Requiere paciencia, comprensión y, sobre todo, una profunda compasión por nosotros. Al aprender a escuchar y transformar estas voces internas, no solo cambiamos la narrativa de nuestra vida, sino que también abrimos la puerta a una relación más sana y amorosa con nosotros y con los demás.

Las historias que nos contaron, esas que susurran en nuestros oídos desde el pasado, no son simples relatos. Son semillas que germinan en nosotros, moldeando nuestra visión del mundo, de nosotros y de nuestro lugar en él. Volvamos a la autoestima, por ejemplo: imagina que a una persona su mamá le repetía que era "capaz de lograr cualquier cosa que se propusiera", mientras su papá lo guiaba con firmeza en cada paso, transmitiéndole la seguridad de sus capacidades. Frases que parecían simples mantras se convierten así en pilares de confianza y en el impulso necesario para enfrentar los retos de la vida.

Pero no todas las historias son inspiradoras. La voz de papá resonando en nuestra cabeza, recordándonos su propio camino de éxito, puede convertirse en una vara con la que medirnos, generando una constante sensación de no estar a la altura. La crítica constante de mamá, disfrazada de "amor duro", puede erosionar nuestra autoestima, haciéndonos dudar de nuestras capacidades y silenciando nuestra voz.

Recuerdo puntualmente que hace años, en un proceso de terapia, una persona me contaba que su madre desde niño le dijo que "como todos le veían a él la cara de imbécil", la tenía muy preocupada porque qué iba a hacer de su vida cuando ella ya no estuviera para apoyarlo y defenderlo.

Las historias también influyen en nuestra capacidad para tomar decisiones. Si crecimos en un entorno donde la duda era castigada y la seguridad era la norma, es probable que tendamos a evitar riesgos y apegarnos a lo conocido. Por otro lado, si nos criaron en un ambiente donde la exploración era incentivada y el error era visto como una oportunidad de aprendizaje, es más probable que abracemos la incertidumbre y seamos más audaces en nuestras decisiones.

Las relaciones con los demás también se ven afectadas por las historias que nos contaron. Si la narrativa familiar giraba en torno a la desconfianza hacia los demás, es posible que proyectemos esa desconfianza en nuestras relaciones, creando barreras y dificultades para la conexión. En cambio, si crecimos rodeados de historias de amor, empatía y compasión, es más probable que seamos personas abiertas, receptivas y capaces de construir relaciones sanas y duraderas.

Explorar las historias que nos contaron es como un proceso de desmitificación, de comprender cómo esas historias han moldeado nuestro ser y de descubrir cómo podemos reescribirlas para convertirnos en los autores del guion de nuestra vida.

¿Por qué no reflexionas ahora mismo sobre las historias que te acompañaron desde la infancia? ¿Qué mensajes te transmitieron? ¿Cómo han influido en tu autoestima, en tu forma de tomar decisiones y en tus relaciones? Solo al comprender su impacto podrás empezar a liberarte de sus limitaciones y construir tu narrativa, una que te empodere, te inspire y te guíe hacia un futuro más auténtico y pleno.

¿Qué tanto esas voces influyen en nuestra identidad?

Ahora que hemos explorado cómo el diálogo interno se forma a partir de las interacciones tempranas con nuestras figuras parentales, vamos a profundizar en cómo estas voces externas se convierten en parte integral de nuestra identidad, dando vida a las figuras internas de "padre" y "madre". Estas representaciones simbólicas, arraigadas en nuestro inconsciente, no solo reflejan nuestras primeras experiencias de autoridad y cuidado, sino que también continúan influenciando nuestras creencias, decisiones y percepciones de lo que somos capaces de alcanzar y merecer.

La influencia de estas figuras tiene alcances profundos como las raíces, llegando a moldear la esencia de nuestra identidad: lo que creemos sobre nuestras capacidades, lo que nos consideramos merecedores de alcanzar, y cómo estas percepciones fundamentan la construcción de nuestras figuras internas de "padre" y "madre". Reconocer las voces de nuestros padres en nuestro diálogo interno nos abre a una pregunta aún más profunda: ¿Cómo han contribuido estas voces, con las expectativas y creencias que traen consigo, a la construcción de nuestras figuras parentales internas?

Las figuras internas de "padre" y "madre" se construyen a partir de esta amalgama de experiencias, mensajes y emociones recibidos durante nuestros primeros años. Estas representaciones actúan como guía en nuestro diálogo interno, influyendo en nuestras decisiones, nuestras relaciones y nuestra autoestima. La figura interior del "padre" puede asociarse con la autoridad, el juicio, la protección y la disciplina, mientras que la "madre" interior puede evocar cuidado, nutrición, amor incondicional y aceptación. De manera simbólica, por supuesto.

La relevancia de estas figuras internas radica en su capacidad para influir en nuestra conducta y en la manera en que nos percibimos mucho más allá de la niñez, porque conforman el núcleo de nuestro "superyó", esa parte de nuestra psique que critica y supervisa nuestro comportamiento según los estándares internalizados durante los primeros años de vida. Digamos que es como un policía, fiscal, jurado y juez interno. A través de estas figuras, internalizamos nociones de bien y mal, posible e imposible, merecedor e indigno. Una meta significativa a alcanzar en nuestro desarrollo personal es la diferenciación entre estas voces internalizadas y nuestra voz. Este proceso implica reconocer cuándo las limitaciones percibidas o los sentimientos de merecimiento están influenciados por estas figuras internas, en lugar de nuestra evaluación y deseos. La diferenciación nos permite cuestionar críticamente estas influencias y, cuando es necesario, reformular o rechazar las narrativas que ya no nos sirven.

El camino hacia una mayor autonomía y aceptación implica un diálogo consciente con nuestras figuras internas de "padre" y "madre", reconociendo su origen, su propósito y evaluando su relevancia en nuestro contexto actual. Este proceso nos permite redefinir nuestra identidad, liberándonos de expectativas y percepciones obsoletas y abrazando una visión de nosotros que esté más alineada con nuestros valores y aspiraciones.

¿Pero por qué busco la aprobación de alguien que me enoja?

No es de extrañar que a lo largo de nuestra vida, en diferentes momentos, nos encontremos buscando la aprobación de aquellos que, paradójicamente, nos provocan frustración o enojo. Esta contradicción, aunque a primera vista ilógica, realmente nos revela profundas verdades sobre cómo construimos nuestra autoestima y cómo asignamos poder a las opiniones de los demás.

Cuando nos detenemos a reflexionar sobre la naturaleza de este fenómeno, nos enfrentamos a una pregunta inevitable ¿Por qué otorgamos a alguien la autoridad para juzgarnos, especialmente si su juicio nos causa dolor o conflicto? La respuesta está, como ya he dicho, en la dinámica del apego y en nuestra necesidad intrínseca de sentirnos validados por aquellos que consideramos significativos en nuestras vidas.

Desde la infancia, las figuras parentales se establecen como los primeros y más influyentes jueces de nuestros actos, pensamientos y sentimientos. Esta posición no deriva solo de su rol como cuidadores, sino también de su papel como los primeros espejos de nuestra valía. Aprendemos a ver en sus reacciones un reflejo de nuestro valor, y aunque al madurar, nos alejemos física o emocionalmente, el patrón de buscar su aprobación persiste, arraigado en las profundidades de nuestro ser.

El conflicto aparece cuando nuestra búsqueda de aprobación choca con nuestras ganas de ser auténticos y libres. Y aquí viene una paradoja importante: nos enojamos cuando queremos que nuestros padres nos aprueben y no lo hacen, pero también nos molesta darnos cuenta del poder que tienen de hacerlo y cuánto control tienen sus opiniones sobre nosotros. Y si somos honestos, parte de ese enojo también va dirigido a nosotros por no romper esas limitaciones que, en cierta forma, hemos ayudado a crear.

Pero este enojo también tiene un fondo de verdad porque nuestros padres tienen algo que necesitamos desesperadamente: aprobación, amor y pertenencia. Y es hasta que no aprendamos a sostenernos en estos aspectos fundamentales, a ser ese padre o madre para nosotros, dándonos el amor y la seguridad que buscamos, que esa necesidad seguirá estando fuera, en manos de otro, incluso en el futuro podría ser en manos de una pareja o alguien que, dándose cuenta de esto, se aproveche de nuestra necesidad.

Hace tiempo una mujer en terapia me decía: "Es que no entiendo cómo voy a convertirme en mi propio padre, si yo no me puedo dar lo que un hombre me puede dar; yo necesito a un hombre en mi vida para que me cuide, me proteja y me acepte". La miré y le dije: "Cuidarte y protegerte es algo que ya haces, lo que te falta es aceptarte y, en tanto no lo hagas, esa potestad la irás colocando en todos los hombres de tu vida, como lo has hecho hasta ahora, como lo haces con tu actual pareja... como pretendes, incluso, hacerlo conmigo, tu terapeuta".

Convertirnos en nuestro refugio implica aprender a cuidarnos, guiarnos y aceptarnos. Es el verdadero camino hacia la independencia, donde nos damos cuenta de que podemos ser nuestra propia fuente de apoyo y amor.

La envidia, esa sensación de querer algo que alguien más tiene y nosotros no, puede llevarnos a querer destruirlo por no poseerlo. Pero, ¿y si en vez de destruir, aprendemos a integrar esas cualidades en nosotros? No se trata de aniquilar lo que no podemos tener, sino de encontrar en nuestro interior las fuerzas para ser independientes. En vez de luchar contra esos sentimientos, podemos verlos como una señal para encontrar nuestro camino, lleno de amor propio y aceptación. Así, en lugar de sentir envidia o ira, podemos construirnos como los pilares de nuestra vida, aprendiendo a ser lo que necesitamos para nosotros. Esto no solo devuelve un poco de calma, sino que nos empodera para tomar las riendas de nuestra vida, con una comprensión más profunda y cariñosa de lo que realmente somos y lo que queremos ser.

Entonces, este enojo, lejos de llevarnos únicamente hacia la envidia y el deseo de destruir, también puede ser el impulso que necesitamos para buscar nuestra independencia y reevaluar cómo medimos nuestro valor, más allá de lo que otros puedan pensar o decir de nosotros. Darnos cuenta de que hemos dejado que otros tengan el poder de juzgarnos, marca el comienzo de un viaje hacia la recuperación de nuestro poder personal. Este momento de claridad es una invitación a reflexionar y, tal vez, a empezar a cambiar la importancia que les damos a las opiniones ajenas, sobre todo si éstas no están en sintonía con lo que realmente creemos.

Desligar nuestra autoestima de la necesidad de aprobación externa, y en particular de aquellos que nos generan conflicto, es un acto muy liberador. Y es a partir de esa libertad que podría iniciar un proceso de buscar validación en nuestro interior, a valorar nuestro criterio y a forjar una autoestima sólida, capaz de resistir las opiniones de los demás. Es un camino hacia el reconocimiento de nuestro valor intrínseco, sin depender absolutamente de la validación externa.

Pero, una vez más, debo decir que este camino no es directo ni fácil. Requiere de una introspección profunda, de la fortaleza para enfrentar nuestras inseguridades y de la determinación de fomentar una relación más comprensiva y amorosa con nosotros. En última instancia, el aprender a no depender completamente de la aprobación de los que nos rodean, nos enseña a valorar y amar nuestra voz y perspectiva.

No sé cómo no darle tanta importancia a lo que dice o dijo mi mamá (o papá)

Esta frase me resulta profundamente conmovedora porque de una forma u otra, muchas veces la he escuchado dentro de los confines de mi consultorio. La escucho a veces con un dejo de enojo, otras con una gran frustración y muy frecuentemente con una profunda tristeza.

Este sentimiento, compartido por muchos, refleja la complejidad de nuestra relación con las figuras parentales y el desafío que representa desentrañar nuestro sentido del yo, de las expectativas y opiniones de ellos. La influencia de lo que dice mamá (o papá) puede sentirse omnipresente, modelando cómo nos vemos a nosotros, cómo tomamos decisiones y cómo nos valoramos. Aprender a darle la importancia justa a sus palabras es un paso necesario hacia la autonomía emocional y la madurez. ¿Pero cómo hacerlo?

El primer paso para lograrlo, es reconocer que el poder que sus palabras tienen sobre nosotros no es una maldición, sino que lo hemos construido a lo largo del tiempo, principalmente desde la infancia. Este poder se basa en la creencia de que su aprobación es esencial para nuestro valor como personas. Reconocer esto, permite empezar a cuestionar y reevaluar esta creencia, preguntándonos si realmente queremos seguir otorgándoles esa autoridad. .

Una estrategia útil en este proceso es comenzar a diversificar las fuentes de nuestra autoestima. Esto significa buscar y valorar la retroalimentación de una variedad más amplia de personas, incluyéndonos. Cultivar una práctica de autoafirmación, donde reconozcamos y celebremos nuestros logros, cualidades y esfuerzos, puede disminuir la dependencia de la aprobación externa.

Además, es importante establecer límites saludables en nuestras relaciones con las figuras parentales. Esto puede incluir comunicar claramente nuestras necesidades y, cuando sea necesario, limitar la exposición a comentarios negativos. Establecer límites no significa que no nos importe lo que nuestros padres piensan o sienten, sino que priorizamos nuestra salud emocional y mental; así como nuestro derecho a tomar decisiones basadas en lo que es mejor para nosotros.

Otro aspecto fundamental es desarrollar, como lo dije, resiliencia emocional; esto implica aceptar y manejar las críticas sin que definan nuestra autoimagen. La resiliencia nos permite escuchar lo que dicen nuestras figuras parentales, evaluarlo críticamente y decidir qué parte aceptamos y cuál rechazamos.

Finalmente, buscar apoyo externo, ya sea a través de amigos, otros miembros de la familia o profesionales de la salud mental, puede ofrecer alternativas y estrategias para manejar la influencia de las voces parentales. Estas relaciones nos pueden recordar que nuestro valor no depende de la aprobación de una sola persona, sino del entramado de relaciones y experiencias que componen nuestra vida. Aprender a no darle tanta importancia a lo que dice mamá, es un viaje de autoconocimiento y crecimiento personal. No se trata de rechazar o invalidar a nuestras figuras parentales por mera rebeldía, sino de encontrar un equilibrio donde sus opiniones no eclipsen nuestra voz y, sobre todo, nuestro camino hacia la autenticidad.

Recordemos que aprendieron a vernos a través de filtros

La percepción que tienen nuestros padres sobre nosotros, a menudo está filtrada a través de sus experiencias, miedos, expectativas y deseos no cumplidos; sin olvidar su crianza y los mitos familiares de lo que es correcto y lo que no. Estos filtros pueden distorsionar la manera en que nos ven, a veces alejándose significativamente de nuestra auténtica identidad. Entonces: ¿Nos sometemos a estos filtros para mantener la armonía y la aceptación, o desafiamos estas percepciones a riesgo de conflicto o incluso de rechazo? La elección entre sometimiento y desafío es profundamente personal y puede variar según el contexto y nuestra etapa de vida. Sin embargo, entender esta dinámica es muy importante para forjar nuestras relaciones familiares de manera saludable y auténtica. Veamos estos posibles caminos y sus implicaciones:

Desafiar

No es rebeldía o reto. En este contexto, desafiar significa reivindicar nuestra narrativa, valores y percepciones frente a las expectativas impuestas. También puede ser visto como un momento esencial de crecimiento personal donde buscamos definir quiénes somos, independientemente de cómo nos han visto. Sin embargo, desafiar no implica necesariamente un rechazo total o un conflicto abierto. Puede tomar la forma de una conversación honesta, de la búsqueda de espacios propios o de la decisión de vivir de acuerdo con nuestros valores, incluso cuando estos no coincidan completamente con los de nuestros padres.

Someterse

Por otro lado, someterse puede parecer lo más simple, al final, digamos que así se lleva "la fiesta en paz". Aunque yo diría que es una paz más del entorno porque al menos en la persona "sometida" crea internamente una especie de tormenta que puede tener un costo emocional y psicológico significativo. Frustración, enojo, decepción, tristeza y resentimiento, son emociones que están en juego dentro de quien opta por este sendero, limitando su capacidad de vivir de manera auténtica y satisfacer sus necesidades y deseos. Esta conformidad, aunque a veces actúa como un mecanismo de defensa, puede erosionar lentamente nuestro sentido de identidad, dejándonos con una pregunta persistente: ¿Quién soy realmente, más allá de las expectativas que ellos tienen sobre mí?

Cuando nuestra vida se rige por el cumplimiento de las expectativas parentales, corremos el riesgo de perder contacto con nuestras verdaderas pasiones, intereses y, en última instancia, con nuestra autenticidad. La constante necesidad de agradar y la supresión de nuestros deseos y necesidades genuinos pueden llevarnos a un estado de desconexión interna, donde las decisiones se toman no basadas en lo que realmente queremos, sino en lo que creemos que se espera de nosotros.

Esta dinámica no solo afecta nuestra relación con nosotros, sino también con los demás. La incapacidad de establecer límites saludables y de comunicar nuestras necesidades reales puede llevar a relaciones insatisfactorias y desequilibradas, donde repetimos patrones de sometimiento y conformidad. Esta repetición del ciclo puede impedir el desarrollo de conexiones auténticas y saludables.

Y por supuesto que el sometimiento con frecuencia es una respuesta aprendida que encuentra sus raíces en espacios donde la aprobación y el amor fueron condicionados a cumplir con ciertas expectativas. Reconocer esta dinámica es el primer paso para cuestionarla y, eventualmente, buscar un equilibrio más saludable entre nuestra necesidad de pertenencia y nuestra integridad personal.

La tercera alternativa: encontrar un camino propio

Transitar entre el desafío y la sumisión no es necesariamente elegir a uno o a otro de manera absoluta, sino encontrar un equilibrio que respete tanto nuestras necesidades y deseos como las relaciones significativas que mantenemos con nuestras figuras parentales, cuando esto es viable, por supuesto. Esto implica establecer límites claros, comunicar nuestras necesidades de manera efectiva y buscar un entendimiento mutuo donde sea posible. También significa reconocer que, aunque nuestras figuras parentales juegan un rol importante en nuestras vidas, no tienen la última palabra sobre quiénes somos o qué podemos llegar a ser.

Este proceso de afirmación del yo y negociación de nuestras relaciones es un viaje continuo, lleno de retos y oportunidades para el crecimiento. A través de él podemos aprender no solo a vernos más claramente, sino también a apreciar la complejidad de nuestras relaciones familiares, forjando vínculos que respeten tanto nuestra autonomía como nuestro lugar dentro de la familia.

¡A mí no me importan esas voces!

Yo siempre he pensado que duele menos decir "a mí no me importa algo" que reconocer que duele y no saber qué hacer con eso. Es como aquel "al fin que ni quería" o el "éjele que ni me dolió". En terapia he escuchado unas variantes muy directas de esto bajo la forma de frases como: "A mí no me importa lo que diga mi mamá" o esta otra: "Mario, yo sé que a mí no me debería importar lo que dice mi mamá, pero..." por poner algunos ejemplos.

Negar la realidad no hace que esta desaparezca y la cosa es que, probablemente en el fondo, sí te importa; y te importa tanto que tienes la necesidad de declarar que no. Hay quien incluso cree que verdaderamente no le importa y que esas voces no le afectan porque hace lo contrario a lo que la voz le dice, pero si lo pensamos, eso ya condiciona cómo actúa, ¿no es así? Es decir, si la voz dice "negro" y yo digo "blanco", no es porque necesariamente para mí lo "blanco" sea lo mejor, sino porque la voz me dictó que debía ser "negro". Uno pensaría que está actuando en libertad con esa elección, pero no es así. Estaría eligiendo por oposición, aunque condicionado por lo que esa voz dijo. Capaz que yo quería verde o azul, pero como eso, al menos en apariencia, no "desafiaba a la voz" ni reafirmaba la autonomía personal, había que elegir algo que lo dejara bien clarito, aunque no sea exactamente lo que yo quería.

Esas afirmaciones de "a mí no me importa" son, con mucha frecuencia, lanzadas en momentos de frustración o desafío y son muy reveladoras. Es como el niño o niña que va de la mano de su mamá y de pronto la retuerce para zafarse de ella y ser libre. Entonces, aunque en la superficie esas frases y ese acto parecen declarar una independencia de las influencias de nuestro padre y madre, su misma vehemencia sugiere lo contrario. La necesidad de proclamar desapego de nuestras figuras parentales, en realidad, puede ser indicativa de su profunda penetración en nuestra psique y su influencia en nuestra autoimagen y decisiones. Digamos que es más un deseo, a veces utópico, que una declaración de la realidad.

La paradoja del desapego

La paradoja aquí es clara: cuanto más intentamos convencernos (y a otros) de que no nos importan estas voces y que no nos afectan, más revelamos cuánto poder les hemos concedido. De otra manera, ¿por qué manifestaríamos con tanto énfasis que no nos importa? Es como si en este momento, casi de la nada, les dijera: "A mí no me afecta para nada la frase de Juan Rulfo que está al inicio del capítulo, ¿por qué me habría de afectar? De hecho, ni me importa, es más, ni la vi y no me interesa verla. ¿Por qué piensan que me ha afectado cuando no es así?" Para no estar afectado, le estoy invirtiendo mucha energía en negarlo, ¿no les parece? Pero, curiosamente, esta afirmación de desapego puede ser el espejo que refleja la profundidad de su impacto en nosotros.

Nuestras relaciones con las figuras parentales son generalmente complejas, teñidas de amor, expectativas, decepciones y de una profunda interdependencia emocional. Esta complejidad se hace evidente en la paradoja del desapego, donde el acto de negar su importancia no solo revela la profundidad de su influencia, sino también nuestra lucha interna por reconciliar el anhelo de conexión con el deseo de independencia. A través de esta negación, buscamos protegernos de la crítica, el rechazo o la desaprobación, mientras secretamente anhelamos la validación y el amor incondicional que asociamos con la aceptación parental.

Reconocimiento sobre negación

Reconocer que algo duele o está descompuesto, nos moverá generalmente a sanarlo o repararlo, ¿no es así? Del mismo modo, reconocer la influencia de estas voces no te hace menos o te regresa a ser un niño pequeño. Es simplemente abrir los ojos a la realidad que, sin ser vista de frente, va a costar más trabajo hacer algo con ella. Al aceptar que las opiniones y expectativas de nuestros padres forman parte de nuestro tejido emocional, podemos comenzar el trabajo de discernir cuáles aspectos de esta influencia valoramos y cuáles deseamos rechazar. Este proceso de reconocimiento nos permite enfrentar las emociones y conflictos de manera más constructiva, en lugar de a través de la negación. Nos da la oportunidad de explorar por qué ciertas expectativas parentales resuenan tanto con nosotros, desencadenando toda clase de defensas psicológicas.

El negar que lo que tus padres han dicho te afecta, no necesariamente te va a permitir la construcción de una autonomía genuina, ni la afirmación de tus propios valores, creencias y decisiones. Por eso es necesario que dejes de mirar tanto "para allá", aunque sea de reojo y empieces a mirar más "para adentro". Esto significa tomar decisiones conscientes sobre qué aspectos de tu educación y de las influencias de tus padres quieres que te acompañen y cuáles necesitas dejar atrás. Una parte clave de este proceso es desarrollar la capacidad de escuchar esas voces internas, reconocer su origen y luego decidir conscientemente cómo necesitas responder a ellas. Esto implica reafirmar tu camino en la vida, incluso cuando eso signifique desviarte de las normas, creencias, leyes y expectativas familiares. Claro, también puedes encontrar maneras de integrar esos elementos en tu vida, pero de forma que complementen tus objetivos personales.

Porque al final, la clave no es eliminar la influencia de las voces de nuestras figuras parentales —una tarea casi imposible y, quizá, no del todo deseable— sino elegir cómo interactuamos con esa influencia. Reconocer que tenemos la capacidad de elegir, nos empodera a vivir de manera más auténtica, respetando nuestras raíces y tradiciones mientras forjamos nuestro camino. La afirmación: "¡A mí no me importan esas voces!", puede ser un punto de partida, un reconocimiento de la tensión entre la influencia recibida y nuestro deseo de independencia.

Es conveniente entonces reconocer que las historias que nos contaron, cargadas de intenciones, esperanzas y, a veces, limitaciones, forman parte integral de nuestro desarrollo. Sin embargo, también hemos visto que la influencia de estas voces no es inmutable ni absoluta. Tenemos la capacidad, y quizá la responsabilidad, de dialogar con estas voces, cuestionarlas y decidir cómo permitir que nos afecten. El reconocimiento de la profundidad y complejidad de la influencia parental es el primer paso hacia una reevaluación autónoma de nuestro diálogo interno, de nuestras creencias y valores.

La autonomía genuina surge de un proceso de introspección y elección consciente sobre qué influencias aceptamos y cuáles redefinimos o dejamos atrás. Este capítulo nos invita a reflexionar sobre nuestras voces internas, a distinguir entre las que nos construyen y las que nos limitan, y a tomar decisiones que reflejen nuestra autenticidad. La transformación de nuestro diálogo interno, de crítico a aliado, es un viaje hacia el reconocimiento de nuestra valía, independiente de la aprobación externa. Este proceso no solo nos libera de las expectativas parentales, también nos abre a un mundo de posibilidades donde podemos definir nuestra vida en nuestros términos.

¿Qué vimos en este capítulo?

Desde nuestro nacimiento somos recibidos en un mundo resonante de voces, entre las cuales, las de nuestros padres se distinguen como las primeras guías, enseñándonos los fundamentos que ellos han aprendido en la vida y cómo interpretar nuestro lugar en el mundo.

La narrativa parental sirve como el primer capítulo de nuestra historia, moldeando nuestra autoimagen y el concepto de lo que somos capaces de lograr.

La búsqueda de aprobación parental se revela como un doble filo, nutriendo nuestra necesidad de pertenencia mientras desafía nuestra independencia, autoestima y libertad. La aceptación de nuestra voz interior es clave para la autovalidación.

La comunicación positiva de los padres construye cimientos firmes para la autoestima del niño, mientras la crítica constante puede sembrar semillas de duda y autoimagen negativa.

Las figuras internas de "padre" y "madre", formadas a través de años de diálogo y experiencia, continúan influenciando nuestras decisiones y cómo nos vemos, mucho más allá de la niñez.

La paradoja del desapego nos muestra que la intensidad con la que negamos la importancia de las voces parentales refleja, paradójicamente, su profundo impacto en nosotros.

Ejercicios sugeridos para este capítulo

Ejercicio 1: mapeo de voces
Objetivo: identificar y reflexionar sobre los mensajes específicos de tus padres que han moldeado tu autopercepción.

Instrucciones:
Busca o crea un espacio tranquilo y personal para realizar este ejercicio, tal vez con música suave o en un lugar que te inspire paz.

Recopilación: toma un momento tranquilo y en un cuaderno dibuja dos columnas tituladas "frases de mamá" y "frases de papá".

Registro: escribe las frases o mensajes que recuerdes de cada uno de tus padres. No te limites a lo negativo; incluye también los positivos.

Reflexión: junto a cada frase, describe cómo te hizo sentir en su momento y cómo piensas que ha afectado tu vida hasta ahora.

Reflexión: después de completar este ejercicio, tómate un momento para reflexionar sobre los patrones que observas. Piensa en cómo estos mensajes han tejido la tela de tu autoestima y comportamiento actual.

¿Hay frases que ahora ves bajo una nueva luz?

¿Cómo podrías reescribir esa narrativa para fortalecer tu autoconcepto actual?

¿Hay mensajes que te hayan empoderado?

¿Hay otros que necesitas comenzar a cuestionar o transformar?

Ejercicio 2: reescribiendo el diálogo interno

Objetivo: transformar las críticas heredadas en afirmaciones que te empoderen y te apoyen en tu crecimiento personal.

Instrucciones:
Escoge una frase crítica que impacte profundamente tu autoestima.

En un lugar relajante, escribe esa frase en un papel. Debajo, reescribe la frase en un tono que sea alentador y positivo. Por ejemplo, si la frase original es "nunca haces nada bien", podrías transformarla en "cada error es una oportunidad para aprender y mejorar".

Haz esto con varias frases. Si ayuda, puedes imaginar que estás ofreciendo consejos a un amigo querido o a un niño, con gentileza y comprensión.

Después de reescribir cada frase, cierra los ojos y repítela varias veces, notando cómo te hace sentir cada versión.

Reflexión: Considera cómo se siente cambiar el tono de estas frases. ¿Cuál es el cambio más evidente que notas en tu estado emocional al reescribir las críticas como mensajes de apoyo?

Ejercicio 3: carta a mis padres

Objetivo: articular tus sentimientos y reflexiones sobre la influencia de tus padres de una manera que reconozcas su impacto mientras afirmas tu camino.

Instrucciones:

Dedica un tiempo tranquilo para este ejercicio, tal vez en un lugar que tenga significado emocional para ti.

Escribe una carta a tus padres donde explores tanto los aspectos positivos como los desafíos de su influencia en tu vida. Sé honesto, pero compasivo, tanto con ellos como contigo.

Expresa gratitud por el apoyo y el amor que te dieron, y también aborda cómo te han afectado los mensajes negativos y cómo estás trabajando para superarlos.

Reflexión: Este ejercicio puede ser emocionalmente intenso. Tómate tu tiempo para procesar tus sentimientos y recuerda que el objetivo es avanzar hacia una comprensión más profunda de ti y de tus relaciones. Después de escribir la carta, no necesitas enviarla, pero considera discutir tus pensamientos con alguien de confianza. Este proceso puede ser liberador y transformador, dándote una nueva perspectiva sobre tu relación con tus padres y contigo.

2. Voces del pasado en el presente

"La voz de una madre no se parece a ninguna otra.
Reconocemos cada cadencia y susurro, cada gorjeo o chillido."
MITCH ALBOM, Llamadas desde el teléfono
del cielo

Piensa en esos momentos de tranquilidad, tal vez temprano por la mañana o en la noche, justo antes de irte a dormir, esos momentos cuando el mundo a tu alrededor parece detenerse por un instante. Rodeado por ese silencio relativo, ¿has notado cómo ciertas voces parecen flotar hacia ti desde el pasado? No me refiero a fantasmas o ecos sobrenaturales, sino a algo mucho más cotidiano y profundamente humano: las voces de nuestros padres. Estas voces, llenas de amor, preocupación y, a veces, de expectativas no cumplidas que, como ya vimos en el capítulo anterior, han sido nuestras primeras guías en la vida.

Sí, en el capítulo 1, te llevé de la mano a través de esos primeros pasos, mostrándote cómo cada palabra y cada gesto de nuestros padres comenzaron a dar forma a nuestro mundo. En este capítulo, te invito a abrir el álbum de los recuerdos, no para revivir el pasado, sino para entender cómo ese pasado se sienta con nosotros en la mesa del desayuno, nos acompaña en el camino al trabajo o nos susurra al oído mientras tomamos decisiones que definirán nuestro futuro.

Y tal vez en este momento estés pensando: "Pero esos son solo recuerdos, viejas historias que ya no tienen por qué afectarme", y en parte tienes razón; sin embargo, las historias y las voces de nuestros padres son como esas viejas melodías que, sin saber cómo ni por qué, las sabemos de memoria y a veces no podemos dejar de tararear. Incluso sin quererlo, esas melodías nos influencian, nos motivan o nos frenan; ya sabes, de esas que no te puedes sacar de la cabeza.

Este capítulo te invita a escuchar esas tonadas con una nueva consciencia, a reconocer cuándo te levantan y cuándo te deprimen. Pero, ¿cómo podemos honrar esas voces y al mismo tiempo escribir nuestra partitura personal? Probablemente, si tuviste una infancia complicada, llena de críticas, insultos o incluso desprecio, pienses que no hay nada que honrar en esas voces y que lo mejor sería borrarlas; te entiendo. Pero ya hemos dicho que eso no es posible ni conveniente. No, porque más que las voces de las personas que hicieron el papel de nuestro padre y nuestra madre, son las voces de las figuras parentales que tenemos que hacer nuestras, pero con otros mensajes.

Entonces, la tarea no es destruir o borrar la voz, sino cambiar su tono antes de apropiarnos de ella. No te estoy diciendo que vamos a inventar cosas que nunca te dijeron, sino que las cosas que te dijeron nunca habrían sido dichas por papá y mamá, si no fuera porque eso es lo que sabían decir las personas que hicieron o representaron esos papeles en nuestras vidas. Digamos que hay que hacer una distinción entre el actor y el personaje.

El actor es la persona que interpretó el papel y los personajes son papá y mamá. De no haber sido por esos actores que, en ocasiones, ni siquiera tenían tanto talento para el papel, no sabríamos cómo hubiera sido. ¿Me explico?

No prometo que este capítulo o el resto del libro sea fácil, pero te aseguro que será un viaje lleno de descubrimientos y, quizá, de liberación. Aprenderemos a escuchar esas voces del pasado, no como ecos que nos atan, sino como parte de la sinfonía de nuestra vida, donde la melodía principal es, y siempre será, la tuya; una vez que te apropies de los personajes imprescindibles que todos necesitamos, sin dejarlos en manos de otros.

Volvamos ahora a esos instantes de calma de los que te hablé al inicio del capítulo. Es curioso cómo en la soledad, las palabras de nuestros padres, sus frases y consejos que nos han acompañado desde la infancia, resurgen con una claridad sorprendente. Pero no nos engañemos: no es que como fantasmas aparezcan solo al amparo de la noche o el silencio. Siempre están ahí, solo que entre el bullicio del ruido mental y el ajetreo cotidiano de la vida no se identifican con tanta claridad. Y para complicar más su identificación, a veces esas voces vienen disfrazadas de nuestra voz. No es exactamente lo mismo que "escuches" en tu cabeza un: "Ahí vas otra vez con lo mismo", a que lo que te digas sea: "Ahí voy otra vez con lo mismo", ¿te das cuenta?

Entre una voz interior que dice "no sirves para nada" y tu voz diciendo "no sirvo para nada", realmente parece no haber tanta diferencia, salvo que en el segundo caso, al hablarte en primera persona, ya te apropiaste de la voz antes de haberle cambiado el tono.

Claramente, estas voces también pueden ser palabras de aliento en momentos de duda, pero para los efectos de nuestra conversación, reconozcamos que frecuentemente se presentan bajo la forma de críticas o descalificaciones severas cuando nos atrevemos a querer expandir nuestra zona de confort o ir más allá de las "fronteras prohibidas" para nosotros. Estas voces, aunque invisibles, tienen un poder tangible, moldeando nuestras decisiones y la forma en que nos enfrentamos a los desafíos de la vida. Moldeando, como vimos, la propia percepción de tu reflejo.

El eco del pasado en nuestras vidas

Ahora recuerda la última vez que estuviste ante una encrucijada, quizá eligiendo un camino profesional o tomando una decisión importante que sabías que cambiaría tu vida. En ese momento determinante, ¿qué voces volvían a ti, llenas de consejos no solicitados, dudas penetrantes o de críticas un tanto injustas o punzantes? Esas voces son como ecos de un pasado que sigue vibrando en el presente, y aprender a identificarlas es abrir la puerta a un profundo conocimiento de nosotros.

En este momento te invito a realizar un viaje hacia tu interior, un ejercicio de reflexión que va más allá de la mera memoria. Piensa en una decisión importante que hayas tomado recientemente, tal vez fue algo tan significativo como cambiar de trabajo, iniciar o terminar una relación o tal vez algo aparentemente menor, pero que para ti tuvo gran peso. Si te es posible ahora mismo, en la tranquilidad de tu espacio personal, cierra los ojos y rememora ese momento. Entre el torbellino de pensamientos y emociones, intenta discernir las voces que susurraron en tu oído: ¿Eran de aliento o de duda? ¿De apoyo o de crítica? Anota estas voces, no con el afán de juzgarlas, sino de reconocerlas. Pregúntate, sinceramente, de quién eran esas voces y qué palabras exactamente resonaron en tu mente. Una pregunta que yo hago con frecuencia a los asistentes a mi taller "Sanando heridas de la infancia" o en el de "Fortaleciendo tu autoestima", especialmente cuando escucho de ellos una creencia que generalmente no corresponde con la realidad es: "¿Dónde o de quién aprendiste eso?"

Este ejercicio no tiene como objetivo catalogar estas voces como buenas o malas, sino más bien ofrecerte una ventana hacia tu mundo interior en donde puedas ver con un poco más de claridad las influencias que han moldeado tu ser, estar y actuar en la vida. Al identificar estas voces, no solo reconoces su presencia y, a veces, hasta su origen, sino que también te otorgas el poder de comprender su impacto en tu vida. Es un paso hacia la autocomprensión, hacia el reconocimiento de que, aunque estas voces forman parte de nosotros, no tienen por qué dirigir nuestro futuro.

Este acto de introspección es más que un simple ejercicio; es un acto de amor propio. Reconocer los ecos del pasado, entender su origen y aceptar que tienen influencia, es abrir la puerta a un diálogo interno que puede ser un reto, es verdad, pero al mismo tiempo puede ser algo muy liberador. Al dar este paso, te preparas para comprender el impacto de estas voces y aprender a dialogar con ellas de manera que enriquezcan tu presente y futuro.

Diferenciando las voces: ¿Cuál es mi voz y cuál la de ellos?

Esta es una pregunta que escucho con frecuencia en mis talleres y en las sesiones de terapia, y es muy válida. La realidad es que hay una línea muy difusa en las fronteras entre la voz propia y la voz interiorizada de nuestros padres.

Imagina por un momento que estás en una habitación llena de espejos, cada uno reflejando diferentes aspectos de ti. Mientras te miras, escuchas voces. Algunas son claramente identificables como las de tus padres o figuras de autoridad de tu infancia, repitiendo frases que han quedado grabadas en tu memoria. Pero hay otras voces, tonos y consejos que parecen propios, aunque al examinarlos más de cerca, notas que están teñidos con las creencias y expectativas que te fueron transmitidas. ¿Cómo saber cuáles son realmente tuyas? Si recuerdas el ejemplo de los espejos distorsionados del capítulo anterior, quizá empieces a tener una respuesta. La voz que es tuya es la más parecida a quien realmente eres. Habiendo dicho eso, aun así, no es sencillo porque, ¿qué tal que esa imagen distorsionada ya la hiciste propia y parece que no puedes distinguir?

Para empezar a desenredar esta compleja red, pregúntate: ¿Esta voz me anima a crecer, a explorar, a aceptarme tal como soy y me mueve a acercarme a lo que es bueno y me hace bien; o al contrario, me limita, me critica, me encasilla en una versión de mí que ya no resuena con quien soy o quiero ser? Con mucha frecuencia, las voces que nos limitan tienen sus raíces en el miedo o la preocupación, emociones comprensibles en nuestros padres, pero que no tienen por qué definir nuestro camino de manera permanente. Nuestra voz, aunque influenciada por muchas fuentes, se distingue por cómo nos hace sentir. Cuando es genuinamente nuestra, hay un sentido de autenticidad y paz, incluso cuando nos desafía a aproximarnos a los confines de nuestra zona de confort o nos muestra que hemos tomado un camino equivocado. Es esa voz que, en el fondo, sabe lo que es mejor para nosotros, que nos conoce de manera íntima y que busca nuestro bienestar integral. Esa es nuestra voz.

Por ejemplo, piensa cómo te hablas cuando te equivocas o cometes un error. Si esa voz reconoce que lo que has hecho te aleja de lo que querías; pero te mueve a mejorar y a corregir el rumbo, esa suele ser tu voz. Cuando te crítica, te dice que no tienes remedio o hasta te obliga a castigarte y a sentirte peor, es un eco del pasado que suele repetir las mismas ideas y mensajes, incluso con palabras muy parecidas cada vez. De todos modos, en el siguiente capítulo volveré a este concepto de distinguir estas voces, pero de otra manera.

Recuerda, validar tu voz no significa descartar todo lo que tus padres o figuras significativas te han enseñado. Más bien, se trata de elegir conscientemente cuáles de esas lecciones siguen siendo relevantes para ti y cuáles ya no se alinean con tu identidad y necesidades personales. Es un proceso de selección, de tomar lo que te sirva y agradecer o dejar ir lo que ya no. Distinguir entre esas voces y nuestra voz interna, es un paso importante hacia la autonomía emocional. Nos permite tomar decisiones basadas en lo que realmente queremos y necesitamos, en lugar de vivir a la sombra de expectativas ajenas. Cada vez que eliges escuchar tu voz, te afirmas a ti y a tu derecho a ser el autor principal de tu vida.

Pero al final de cuentas, si lo pensamos, da un poco lo mismo de dónde vienen esas voces, siempre que sean unas que nos conduzcan por un camino que nos acerque a nosotros y a lo que queremos realmente alcanzar en la vida. Si son voces que te alientan, que te hacen sentir bien, ¿qué más da si fueron originalmente creadas por ti o vienen de los ecos de tus padres o, incluso, de todo un coro de tu linaje de ancestros que han tenido esa creencia? Porque recuerda, aun siendo la misma melodía, eres tú quien le da su sello personal, quien le imprime su tonada, ritmo y tempo.

Despertando la conciencia

Las voces de nuestros padres, impregnadas de su historia personal, han servido sutilmente como los cimientos de nuestra autoestima y han sentado las bases de nuestras percepciones del mundo y de nosotros. Estas narrativas parentales, aunque arraigadas en el amor y la preocupación, pueden también imponer limitaciones inadvertidas en nuestras vidas.

Imaginemos por un momento que cada consejo, cada palabra de aliento y cada crítica de nuestros padres ha sido una pincelada en el retrato de nuestra autoimagen. Algunas de estas pinceladas han añadido luz y color a nuestra manera de percibirnos, impulsándonos hacia adelante. Otras, sin embargo, pueden haber oscurecido áreas de nuestro ser, instalando dudas y temores que limitan nuestra plenitud. Este impacto es más profundo de lo que nos damos cuenta. Afecta no solo cómo nos vemos, sino también cómo interactuamos con el mundo. Nuestras relaciones, la manera en que enfrentamos desafíos, incluso nuestras ambiciones pueden estar moldeadas por estas voces internas.

Estrategias para la transformación

Comprendo que identificar el origen preciso de las voces que habitan nuestro interior no siempre es sencillo. Estas voces pueden ser una amalgama de mensajes recibidos de la familia, la sociedad y la cultura. En ocasiones no se expresan verbalmente, sino que se transmiten a través del ejemplo o el modelaje de conductas y hábitos. En un capítulo posterior abordaremos el diálogo y la construcción de puentes con padres presentes y ausentes. Sin embargo, en este momento quiero iniciar un diálogo con esas voces que hemos mencionado. Así que, si ahora mismo puedes identificar si las voces provienen de tu madre o tu padre, perfecto; lo que sigue te servirá como un ejercicio de calentamiento. Si no sabes de quién proviene, este es el espacio adecuado para comenzar a descubrirlo.

Ante este reconocimiento, surge la pregunta: ¿Cómo podemos dialogar con estas voces de manera que nos libere de sus limitaciones y fortalezca lo positivo? A continuación, te presento algunas estrategias:

1. Reconocimiento y aceptación

El primer paso hacia la transformación es reconocer la presencia y el impacto de estas voces sin juzgarlas. Aceptar que han formado parte de nuestro viaje nos permite abordarlas con compasión en lugar de resistencia. Esto ya lo hicimos en el ejercicio 1 del capítulo anterior.

2. Diferenciación activa

Aprende a distinguir entre los consejos que fortalecen y las críticas que limitan. Pregúntate: ¿Esta voz me acerca a mi autenticidad y a mis valores o me aleja de ellos? ¿Me acerca o me aleja a lo que realmente mi alma quiere? Y si como yo, ahora mismo te estás preguntando: ¿Y cómo sé qué es lo que mi alma quiere?, veamos algunos pasos dentro de esta estrategia:

✓ Paso 1. Conexión con tu Yo interior
Dedica tiempo a la soledad constructiva, preferentemente en un entorno que te inspire paz y tranquilidad. Esto puede ser la naturaleza, una habitación especial de tu casa o cualquier lugar donde sientas un vínculo con tu ser más profundo. Utiliza este tiempo para meditar, respirar conscientemente o tan solo estar en silencio, permitiendo que tu mente se aquiete.

✓ Paso 2. Diálogo interior
Inicia un diálogo interno preguntándote: "¿Qué es lo que más deseo en la vida? ¿Qué me hace sentir vivo, apasionado y verdaderamente feliz?" Seguro que cuando empieces a tener respuestas vendrán aquí los "pero": "Pero no tengo tiempo", "pero aún soy muy

joven", "pero ya estoy muy viejo", "pero yo no sé nada de eso", "pero eso es una locura", etcétera. ¿Me explico? No dejes que esas objeciones te impidan o paralicen el diálogo interior. Por ahora no es que ya vayas a hacer lo que dices, solo estamos trazando en este paso una especie de mapa de los deseos. Tampoco busques ahora mismo respuestas inmediatas; solo permite que estas preguntas se asienten y reposen por algún tiempo en tu conciencia.

✓ Paso 3. Escucha activa
Presta atención a las respuestas que surjan naturalmente en los días siguientes. Estas pueden manifestarse como pensamientos recurrentes, sueños o incluso a través de señales externas que resuenan contigo de manera significativa. Anota estas señales y reflexiona sobre ellas. No desprecies ninguna por pequeña o insignificante que te pueda parecer.

✓ Paso 4. Identificación de valores y pasiones
Reflexiona sobre los valores y pasiones que definen quién eres. Haz una lista de ellos y considera cómo cada decisión o influencia externa se alinea con estos valores. Piensa en lo que te mueve, en aquello que enciende una chispa en tu interior y te hace sentir más vivo. ¿Es el arte de crear, de dar forma a ideas que solo existen en tu imaginación lo que te hace levantarte cada día con entusiasmo? ¿O quizá es la emoción de descubrir nuevos horizontes, la sensación de asombro que te invade al explorar una cultura desconocida? Imagina esos momentos en los que el tiempo parece detenerse porque estás completamente inmerso en actividades que resuenan con tu ser más auténtico. Estos son los indicadores de tus verdaderas pasiones y valores. Ahora regresa a

las voces y pregúntate: "¿Este consejo o crítica me acerca a vivir de acuerdo con mis valores y pasiones, o me desvía o me aleja de ellos?"

✓ Paso 5. Experimentación y exploración

Da pequeños pasos hacia lo que sientes que tu alma está buscando. Esto podría ser un nuevo hobby, una clase, un proyecto personal o cualquier actividad que sientas que alimenta tu espíritu. Más allá de lo que te hayan dicho acerca de que no fueras alguien soñador, de que la música nunca te iba a llevar a ninguna parte o que estar viendo al techo era pura perdedera de tiempo, observa cómo te sientes durante y después de estas actividades. ¿Sientes alegría, expansión, una sensación de "estar en lo correcto"?

✓ Paso 6. Afirmación de la autenticidad

Refuerza tu compromiso con seguir el camino que tu alma desea. Esto puede implicar establecer intenciones claras cada mañana, afirmaciones positivas sobre tu capacidad de vivir auténticamente o incluso rituales personales que celebren tu viaje hacia la autenticidad. Claro, también implica hacer algunas renuncias a ciertos hábitos, relaciones o situaciones que te han alejado de tus deseos. ¿Cómo hacer esto?

Intenciones matutinas: comienza cada día escribiendo o declarando en voz alta tus intenciones para el día, enfocándote en cómo estas intenciones reflejan tus valores y pasiones auténticos. Como ejemplo te ofrezco estas:

- "Hoy elijo actuar con amabilidad y compasión hacia mí y hacia los demás, recordando que cada interacción es una oportunidad para extender amor."

- "Me comprometo a enfrentar los desafíos del día con una mente abierta y un corazón valiente, buscando el crecimiento y el aprendizaje en cada experiencia."
- "Decido priorizar mi salud y bienestar, dedicando tiempo a la actividad física, la meditación o cualquier práctica que nutra mi mente y cuerpo."
- "Elijo enfocarme en la gratitud, reconociendo y apreciando las bendiciones en mi vida, por pequeñas que sean."
- "Hoy me permitiré ser creativo/a, dedicando tiempo a las actividades que encienden mi pasión y alegría; ya sea escribir, pintar, tocar un instrumento o cualquier otra forma de expresión."
- "Me comprometo a escuchar activamente y a estar presente en mis interacciones, recordando que la presencia es uno de los regalos más valiosos que puedo ofrecer."
- "Elijo liberarme de la autocrítica y el juicio, abrazando la autocompasión y recordando que estoy haciendo lo mejor que puedo con lo que sé en este momento."
- "Decido tomar hoy al menos una acción hoy que me acerque a mis sueños y objetivos, recordando que cada pequeño paso cuenta."

Afirmaciones positivas: crea una lista de afirmaciones que resuenen con tu ser auténtico, como

- "Elijo vivir de acuerdo con mis valores", y si lo deseas, repítelas frente al espejo cada mañana. De estas afirmaciones y su efectividad hablaré puntualmente en la estrategia número 3.

Diario de gratitud: dedica unos minutos cada noche para anotar tres cosas que hayan ocurrido ese día y por las que estás agradecido. No tienen que ser hechos memorables, sino incluso pequeños eventos que te hayan ofrecido un espejo más nítido para verte como una persona que está dispuesto a recibir también las pequeñas cosas buenas de la vida.

Ritual de despedida: realiza un pequeño ritual para soltar conscientemente hábitos, relaciones o situaciones que ya no sirven a tu propósito auténtico. Esto puede ser tan simple como escribirlos en un papel y quemarlo (de manera segura) como símbolo de liberación.

✓ Paso 7. Creación de un compromiso personal
Escribe una carta para tu alma en donde te comprometas a honrar sus deseos y necesidades. Pero aquí te doy una advertencia: escribir esto puede ser sencillo, pero nuestros viejos impulsos tenderán a hacernos regresar a caminos conocidos, por eso debes estar alerta. Digamos que si te comprometes y decepcionas a tu alma, se hace más complicado que esté dispuesta a confiar en ti, ¿no es así? Puedes guardar esta carta en un lugar especial y léela regularmente como un recordatorio de tu compromiso con tu autenticidad. O tenerla a la vista con el mismo propósito.

Al seguir estos pasos, comenzarás a clarificar no solo lo que tu alma realmente quiere, sino también cómo puedes comenzar a alinear tu vida diaria con estos deseos profundos. Este proceso de diferenciación activa es un acto de amor propio.

3. Reafirmación de la propia voz

Para esto son de mucha ayuda las prácticas de autoafirmación, meditación o, incluso algún proceso terapéutico, individual o grupal, donde puedas explorar y expresar tu verdadero yo sin sentir al "gran ojo" de las expectativas parentales juzgándote. Podrías incorporar afirmaciones positivas en tu rutina diaria. Elige o crea aquellas que resuenen contigo y repítelas cada mañana; pueden ser tan simples como: "Estoy empezando a confiar en mí y en mi capacidad para tomar decisiones" o "mi voz es tan válida como la de otros y merece ser escuchada". Estas afirmaciones actúan como recordatorios de tu valor y fortaleza interior. Reconozco que, al menos al principio, puede que sientas todo esto como algo artificial o que no tiene ningún impacto, por eso trata de que sean afirmaciones más apegadas a algo que te parezca razonable y no parecidas a fantasías como: "Soy el mejor de todos y nada me es imposible." Esto último generalmente no ayuda, así como tampoco ayuda que por un día que dices una afirmación de estas a regañadientes o de mala gana, todo va a cambiar al día siguiente. No es magia, claramente tiene una influencia en nosotros.

Y justo por eso quiero hablar de las afirmaciones positivas, este ejercicio aparentemente sencillo que consiste en repetirnos declaraciones constructivas y alentadoras. Estas han sido objeto tanto de estudio como de crítica y debate en el ámbito de la psicología y el desarrollo personal, y aunque a primera vista puedan parecer meras palabras, la ciencia detrás de su efectividad nos revela una compleja interacción entre el lenguaje, el cerebro y nuestras emociones. Si nos basamos en diversas investigaciones y discusiones actuales, podremos entender por qué las afirmaciones positivas pueden ser una herramienta poderosa en nuestra búsqueda de bienestar y autenticidad.

- **El poder del lenguaje sobre la mente:** el lenguaje no solo nos permite comunicarnos con otros; es también una herramienta que nuestra mente utiliza para dar forma a nuestra realidad interna. Cuando pronunciamos o pensamos en afirmaciones positivas, estamos influyendo en nuestra percepción de nosotros y del mundo que nos rodea. De hecho, si tienes duda de su poder, basta observar cómo nuestra autopercepción negativa ha sido moldeada por aquellas voces y creencias limitantes que alguna vez nos transmitieron.
- Estudios recientes sugieren que las afirmaciones positivas pueden activar regiones cerebrales asociadas con el procesamiento del valor propio y la autoeficacia, fortaleciendo nuestra creencia en nuestras capacidades y valor. Incluso uno de estos estudios encuentra que las afirmaciones que provienen del entorno familiar ya sean positivas o negativas, tienen un impacto determinante en la autoestima y el autoconcepto, independientemente del género o el tipo de escuela en la que se estudie.

- **Neuroplasticidad y cambio cognitivo:** la práctica regular de afirmaciones positivas se beneficia de la neuroplasticidad, que es la capacidad del cerebro para formar y reorganizar conexiones sinápticas en respuesta a nuevas experiencias y aprendizajes. Al repetir afirmaciones que refuerzan una imagen positiva de ti, puedes comenzar a reconfigurar patrones de pensamiento negativo arraigados, fomentando una mentalidad más positiva y resiliente.

- **Reducción del estrés y mejora del bienestar:** además de remodelar nuestras redes neuronales, las afirmaciones positivas pueden jugar un papel muy importante en la reducción del estrés y la mejora del bienestar general. Diversas investigaciones han demostrado que el uso consciente de afirmaciones puede disminuir la producción de hormonas del estrés, aumentar la actividad en áreas del cerebro relacionadas con la autovaloración positiva, y potencialmente mejorar nuestro estado de ánimo y autoestima.

- **Aumento de la motivación y del rendimiento:** este es otro aspecto fascinante de las afirmaciones positivas. Al enfocarnos en nuestras fortalezas y potencial, en lugar de en nuestras limitaciones y miedos, podemos liberar una energía renovada hacia la consecución de nuestros objetivos. Este enfoque positivo puede aumentar nuestra persistencia y creatividad al enfrentar desafíos, llevándonos a lograr lo que antes podría haber parecido inalcanzable.

Incorporar afirmaciones positivas en tu vida no requiere de grandes cambios o transformarte en otra persona. Comienza por identificar áreas de tu vida donde desees ver mejora o donde sientas inseguridad. Formula afirmaciones que sean específicas, en tiempo presente, y que resuenen personalmente contigo. Las afirmaciones positivas funcionan mejor cuando están arraigadas en la realidad y en lo que es auténticamente posible para ti. Cuando las afirmaciones son demasiado alejadas de tu realidad actual o de la percepción que tienes sobre ti, pueden generar más escepticismo que inspiración, minando su potencial para motivar un cambio positivo. La clave está en encontrar el equilibrio entre aspiración y autenticidad.

Creando afirmaciones realistas y resonantes

No cualquier afirmación positiva tendrá un impacto favorable. Conviene tener claros algunos elementos que pueden ayudar a potenciar su efectividad, si optas por este camino:

- **Basadas en la realidad**: las afirmaciones deben resonar con algo dentro de ti que sientas como verdadero o que reconozcas como un potencial realista. Por ejemplo, en lugar de afirmar "soy el mejor escritor del mundo", podrías decir "cada día mi escritura se vuelve más clara y expresiva".

- **Asequibles:** deben reflejar metas que sientas que están dentro de tu alcance. Esto no significa que no debas aspirar a grandes cosas, sino que las afirmaciones deben sentirse como pasos alcanzables en tu camino hacia esas grandes cosas si las deseas. Imaginemos que deseas mejorar tu condición física, pero te sientes abrumado por la idea de hacer ejercicio regularmente debido a un horario ya de por sí saturado. Sientes que la meta de "hacer ejercicio todos los días" es demasiado ambiciosa dadas tus circunstancias actuales, aun así, una voz interior te obliga a declarar: "Haré una hora de ejercicio intenso todos los días y me transformaré en un atleta de alto rendimiento en un mes." Esta afirmación, aunque positiva en su intención, no es realista para alguien que está comenzando a incorporar el ejercicio en su vida o que tiene limitaciones de tiempo. Hacer esto crea expectativas poco realistas que pueden conducir a la frustración y al abandono de la meta. En su lugar, podrías decir: "Cada día, encontraré una manera de mover mi cuerpo de manera que disfrute, aunque sea solo por diez minutos para empezar."

- **Personalizadas:** deben ser específicas para ti y tu situación, no frases genéricas que podrían aplicarse a cualquiera. Esto ayuda a que la afirmación resuene más contigo y se sienta más poderosa. En vez de afirmar: "Soy perfecto en todo lo que hago, así como lo hago.", podrías decir: "Cada día me esfuerzo por mejorar un poco en mi trabajo, aceptando que el aprendizaje y el crecimiento provienen tanto de los éxitos como de los errores."

- **Reforzadas por acciones:** las afirmaciones son más efectivas cuando están acompañadas de acciones que refuercen su veracidad. Por ejemplo, si tu afirmación es sobre ser más saludable, combínala con cambios pequeños, pero significativos en tus hábitos alimenticios o de ejercicio. De poco sirve repetir todos los días que te esfuerzas en ser alguien saludable, si en la práctica te saturas de lo que no te hace bien.

Repite la afirmación que crees para ti diariamente, de preferencia en voz alta y, si lo deseas, puedes hacerlo frente a un espejo para reforzar el impacto de las palabras sobre la manera en que te percibes. Lo repito, cuida que no sean fantasiosas o exageradas al grado de que las sientas inalcanzables; comienza poco a poco de manera que resuenen con la persona que quieres ser.

Las afirmaciones positivas son mucho más que palabras de consuelo o un mero paliativo; son una herramienta poderosa para el cambio personal y el crecimiento. Al entender el fundamento científico detrás de su efectividad, podemos utilizarlas de manera más consciente para transformar nuestra autoimagen, reducir el estrés y alcanzar nuestras metas. Así que, la próxima vez que te encuentres repitiendo una afirmación positiva, recuerda que no estás solo hablando contigo: estás forjando un camino hacia tu bienestar.

4. Establecimiento de límites internos
A veces el diálogo interno requiere que establezcamos límites claros con estas voces. Esto puede significar aprender a decir "gracias, pero no" a los consejos internos basados en el miedo, y "sí, gracias" a aquellos que alientan el crecimiento y la exploración.

Por ejemplo, imagina que estás a punto de presentar un proyecto importante en el trabajo y una voz interna te dice: "Vas a fracasar, no eres lo suficientemente bueno." En este caso, podrías responder a esa voz diciendo: "Gracias por tu preocupación, pero no. He trabajado duro en este proyecto y confío en mis habilidades." O en otro ejemplo, supón que quieres aprender un nuevo idioma, pero esa voz interna te dice: "Eso es demasiado difícil, no tienes tiempo y además los idiomas siempre se te han complicado." A esta voz podrías responder: "Sí, gracias. Aprecio tu preocupación, pero aprender un nuevo idioma es una oportunidad para crecer y explorar. Voy a encontrar el tiempo y los recursos para hacerlo."

5. Transformación creativa
Finalmente, considera cómo puedes transformar críticas limitantes en mensajes de apoyo. Por ejemplo, cambiar "no eres lo suficientemente bueno" por "estoy creciendo y aprendiendo cada día", puede ser de ayuda. Transformar estas influencias ancestrales, implica dejar atrás la vieja creencia y estar abiertos en el presente a desarrollar una más apegada a la realidad y sin tanto juicio ajeno.

Al aplicar estas estrategias, no solo modificamos nuestra relación con esas voces, también abrimos espacio para una narrativa propia más auténtica.

Es normal que estas voces del pasado sigan resonando en tu mente en diferentes momentos, especialmente en aquellos de decisión, aun en tu vida adulta. Pero recuerda que son como ecos que ya puedes reconocer y recolocar en un lugar en donde no tengan que determinar tus siguientes pasos o condicionar tus decisiones. Entiendo que para muchos desoír estas voces genera a veces culpa y hasta ansiedad, pero esas son reacciones normales que se tienen cuando hemos sido condicionados a escucharlas y obedecerlas. Para terminar, quiero dejarte al final de este capítulo dos distinciones que me parecen fundamentales: no todo el que se siente culpable tiene la culpa y no todo lo que nos asusta es peligroso.

¿Qué vimos en este capítulo?

Las voces de mamá y papá son como esas primeras melodías de la infancia de las que cuesta despegarse porque siguen como música de fondo, moldeando nuestras decisiones y cómo nos vemos en el espejo de la vida.

Los consejos y críticas, envueltos en preocupación y amor (y a veces en expectativas no alcanzadas), han dejado huella en nuestro camino, a veces como pesadas piedras que hemos ido acumulando o tratando de esquivar.

Diferenciar entre los actores reales de nuestra vida (nuestros padres o quienes cumplieron su rol) y los personajes de "mamá" y "papá" que podemos reimaginar para nosotros, llenos de las cualidades que anhelamos, es un abordaje propositivo para entender que quien desempeñaba el rol de padres eran personas como nosotros, ni más, ni menos.

Tender puentes entre las voces del ayer y el yo del hoy, aceptándolas, comprendiéndolas y, cuando sea necesario, transformándolas en ecos distintos que nos impulsen, en lugar de retenernos, nos permite transitar por mejores caminos.

Las afirmaciones positivas, esas pequeñas semillas de autoestima que plantamos y regamos cada día, pueden crecer y florecer en jardines internos de fuerza y confianza, siempre que sean verdaderas y resuenen con nuestro ser.

Abrazar y vivir la propia vida, estableciendo intenciones claras y rituales que nos recuerden y celebren nuestra evolución hacia ser quien realmente deseamos ser, es fundamental en este proceso.

Ejercicios sugeridos para este capítulo

Ejercicio 1. Diario de voces presentes
Objetivo: monitorear cómo las voces del pasado influyen en tus pensamientos y decisiones actuales.

Instrucciones:
Lleva un pequeño diario o usa una app de notas en tu teléfono durante una semana.

Tarea diaria: anota situaciones específicas donde sientes que las voces de tus padres o figuras significativas del pasado influyen en tus decisiones o emociones. Esto puede incluir decisiones laborales, interacciones sociales o incluso tus respuestas a eventos cotidianos. También podrías pensar cómo te gustaría responder de manera diferente en el futuro en las mismas situaciones cuando hayas fortalecido a tu voz interior.

Ejemplo:
Situación: al decidir postularme para un ascenso en el trabajo.

Voz del pasado: "Probablemente no estés listo para este puesto. ¿Y si fracasas?"

Reflexión diaria: hoy, cuando pensé en postularme para el ascenso, la voz de mi padre surgió diciéndome que podría no estar listo y que podría fracasar. Normalmente, esto me detendría, pero quiero responder diferente en el futuro.

Respuesta deseada en el futuro: "Aprecio tu preocupación, pero estoy bien preparado y merezco esta oportunidad tanto como cualquier otro. Voy a postularme y a dar lo mejor de mí."

Reflexión: al final de la semana, revisa tus notas. Identifica patrones o temas comunes.

- ¿Hay áreas de tu vida donde estas voces son más fuertes o más limitantes?
- ¿Cuáles son las emociones predominantes que sientes al escuchar estas voces?
- ¿Cómo podrías transformar estas voces en algo que te empodere en lugar de limitarte?

Ejercicio 2. Conversaciones imaginarias

Objetivo: practicar el diálogo con esas voces para mejorar la autonomía emocional.

Instrucciones:

Elige una voz del pasado que sientas que tiene un impacto significativo en tu vida actual, especialmente si es limitante. En un espacio tranquilo y privado, imagina tener una conversación con esta voz. Puedes hablar en voz alta o escribir esta conversación.

Exprésale cómo te hace sentir y cómo deseas avanzar. Por ejemplo, "Entiendo que querías protegerme, pero ahora necesito creer en mí y tomar mis decisiones."

Ejemplo:

Voz del pasado: tu madre diciendo: "Siempre tomas decisiones sin pensar en las consecuencias."

Conversación imaginaria:

Tú: "Entiendo que te preocupas por mí y que en el pasado tomé algunas decisiones apresuradas. Pero he aprendido de esas experiencias y ahora tomo decisiones más informadas."

Voz de tu madre: "Solo quiero lo mejor para ti."

Tú: "Y lo valoro mucho. Quiero que sepas que estoy usando lo que he aprendido de ti y de mis experiencias para hacer justamente eso; buscar lo mejor para mí."

Reflexión:

¿Te sientes más capaz de reconocer y diferenciar estas voces en tu vida cotidiana?

¿Cómo puedes aplicar este diálogo imaginario para reafirmar tu voz en tu vida cotidiana?

Ejercicio 3. Mural de la voz personal

Objetivo: visualizar y fortalecer tu voz interna.

Instrucciones:
Utiliza una cartulina grande, papel mural o una sección de tu pared donde puedas pegar notas adhesivas.

Dibuja o escribe palabras, frases y afirmaciones que representen tu voz interior auténtica, tus valores y tus sueños. También puedes incluir metas a corto y largo plazo que reflejen tu voz interior y tus aspiraciones.

Decoración: agrega imágenes, recortes de revistas o cualquier otro elemento visual que te inspire y te recuerde quién eres y qué deseas en la vida.

Ejemplo de elementos del mural:
Palabras y frases: "Valiente", "capaz de superar desafíos", "creativo", "dedicado"

Metas a corto plazo: completar un curso de liderazgo en línea, iniciar un proyecto de pasatiempo personal.

Metas a largo plazo: ser gerente de mi departamento, correr un maratón.

Imágenes: fotos de montañas (simbolizando retos), una imagen de una oficina ejecutiva (meta profesional), pinturas (hobbies creativos).

Reflexión: Dedica un momento cada día para mirar tu mural. Añade nuevas ideas o afirmaciones conforme vayan evolucionando tus pensamientos y sentimientos. Este mural servirá como un recordatorio diario de tu voz única y de tu poder personal.

Ejemplo: cada día, al mirar este mural, recuerdo las cualidades que definen mi verdadera voz y mis objetivos. Me motiva a tomar acciones diarias que se alinean con estos elementos, asegurándome de vivir auténticamente según mis términos.

Revísalo y actualízalo mensual o trimestralmente. Esto te permitirá ver tu progreso y ajustar tus objetivos y afirmaciones según cambien tus necesidades y deseos.

3. REESCRIBIR EL GUION Y APROPIARNOS DE LOS ROLES

"Tarde o temprano, todos citamos a nuestras madres."
BERNARD WILLIAMS, filósofo

Imagina tu vida como una obra de teatro: el día que nacemos, el telón se levanta y en la marquesina simbólica de ese teatro, aparece un letrero anunciando el gran estreno.

A través de esta poderosa metáfora teatral, te invito a considerar a tus padres inicialmente como los guionistas y directores de la primera parte de tu vida. Sin embargo, con el tiempo, este rol es algo que tú mismo puedes y debes asumir. Al visualizar tu vida como una obra de teatro en la que puedes escribir tus propios diálogos y dirigir tus actos, este capítulo te guiará para que tomes el control creativo, transformando las influencias pasivas en elecciones activas que reflejen tu auténtica voz y aspiraciones.

Por ejemplo, en mi caso, el letrero de la obra de mi vida diría: "La vida de Mario Guerra". Pero hay más en esa marquesina, se puede leer que los guionistas, directores y productores principales son mis padres, Antonio Guerra y Magdalena Rojano.

YA DÉJAME EN PAZ, MAMÁ (Y TÚ TAMBIÉN, PAPÁ)

Desde que nacemos y por algunos años de nuestra vida, ellos escriben el guion, eligen a nuestros coprotagonistas y, en gran medida, determinan la trama a seguir. Con el paso del tiempo la dinámica de esta producción teatral está destinada a cambiar. A medida que crecemos, algo interesante sucede: comenzamos a escribir nuestros diálogos y la marquesina frente al teatro refleja una actualización significativa. El nombre de la obra permanece, pero la autoría y la dirección toman un giro. Ahora se proclama con orgullo: escribe, dirige, produce y actúa: Mario Guerra. Este cambio simboliza la transición del control creativo de nuestras vidas, pasando de nuestras figuras parentales a nosotros. Nos convertimos en los verdaderos protagonistas de nuestra historia, determinando el rumbo de la trama, eligiendo a los personajes secundarios y, lo más importante, escribiendo nuestros diálogos.

Recuerda las sabias palabras de Maya Angelou, una renombrada poeta y activista de derechos civiles cuya obra explora temas de empoderamiento personal y resiliencia: "Si no te gusta algo, cámbialo. Si no lo puedes cambiar, cambia tu actitud." Toma este consejo como un mantra mientras trabajas para transformar tu guion interno y reclamar tu protagonismo en la obra de tu vida.

¿Y los padres? Ellos terminan siendo como actores eméritos que posiblemente siempre sean reconocidos por el papel que desempeñaron en tantas y tantas representaciones. Hoy pueden ver la obra desde su palco, pero sin decidir el rumbo de la trama o los diálogos de los personajes.

Este capítulo es precisamente sobre este proceso de toma de control creativo sobre nuestras vidas. Reconoce que, aunque las voces de nuestras figuras parentales han desempeñado papeles fundamentales en la configuración de nuestro guion interno, llega un momento en que debemos tomar la pluma y el papel para reescribir las líneas que ya no nos sirven y dirigir nuestros pasos hacia el escenario de la vida.

Hace tiempo trabajé con una persona en terapia que se sentía constantemente limitada por la creencia de que nunca sería suficientemente buena en su carrera. Tenía una voz heredada de sus padres que valoraban el éxito académico por encima de todo. Al reconocer este guion impuesto, empezó a cuestionar y reemplazar esas creencias. En las sesiones de terapia trabajó para identificar sus propios valores y metas, no los de sus padres. Este cambio le permitió comenzar a escribir un nuevo guion en el que se veía como competente y exitosa, en términos que resonaban auténticamente con su definición de éxito. Este nuevo diálogo interno no solo mejoró su autoestima, también la motivó a tomar decisiones profesionales más audaces y satisfactorias.

Ahora que hemos visto cómo esta paciente pudo comenzar a reescribir su diálogo interno para reflejar mejor sus verdaderos valores y aspiraciones, es tu turno de tomar pasos similares. Aquí tienes una guía paso a paso que puedes seguir para transformar tus propias voces internas limitantes en mensajes que te empoderen y apoyen tu crecimiento personal. Para iniciar este proceso de transformación, sigue estos pasos prácticos y reflexiona sobre cada uno de ellos en tu camino hacia una mayor autonomía:

Identificación de voces limitantes:
Comienza por identificar las voces o mensajes que sientes que limitan tu potencial. Estos pueden ser críticas internas, expectativas de los demás o creencias arraigadas sobre lo que "deberías" ser o hacer.

Cuestionamiento y análisis:
Pregúntate por qué mantienes estas voces en tu guion. ¿Son verdaderamente tuyas o impuestas por otros? Analiza cómo estas voces han afectado tus decisiones y emociones hasta ahora.

Reescritura creativa:
Escoge una de estas voces y escribe una versión alternativa que sea más empoderadora y alineada con tus verdaderos valores y aspiraciones. Por ejemplo, cambia "no soy lo suficientemente bueno en mi trabajo" por "estoy constantemente aprendiendo y creciendo en mi carrera".

Implementación práctica:
Planifica acciones concretas para vivir según tu nuevo guion. Esto puede incluir establecer nuevos objetivos personales o profesionales, cambiar la manera en que interactúas en relaciones personales o ajustar tu rutina diaria para reflejar esta nueva narrativa.

Reflexión y ajuste:
Dedica tiempo regularmente para reflexionar sobre cómo este nuevo diálogo interno está influyendo en tu vida. Ajusta lo necesario para asegurar que continúa resonando con tu crecimiento personal.

Siguiendo estos pasos no solo empezarás a cambiar cómo dialogas contigo, sino que también aprenderás a reconocer y ajustar la influencia de las voces del pasado. A través de esta metáfora teatral, exploraremos cómo identificar las voces del pasado que aún resuenan como ecos en nuestro teatro interior, cómo discernir entre los consejos útiles y las críticas que nos limitan, y cómo transformar conscientemente este diálogo interno en uno que nos empodere y apoye nuestra visión de éxito y felicidad.

Ahora que has aprendido cómo puedes comenzar a reescribir tu guion, te invito a llevar este conocimiento a la práctica. Esta semana, elige un aspecto de tu diálogo interno que deseas cambiar. Registra tus reflexiones y cambios en un diario, observa cómo estos ajustes afectan tu vida diaria.

Es una invitación a que dejes de ser un mero actor siguiendo un guion predeterminado, para convertirte en dramaturgo de tu historia, director de tus acciones y crítico de un diálogo interno que, finalmente, resuene con tu autenticidad y aspiraciones más profundas.

El "narrador interior"

Todos conocemos nuestra vida a través de narraciones. Inicialmente de otros y luego de nosotros. Pero esas narraciones frecuentemente están distorsionadas por el paso del tiempo, la perspectiva y la misma emocionalidad de quien las cuenta. Y cuando digo "de otros", sabemos que la historia de nuestra vida es narrada no solo a través de los acontecimientos que vivimos, sino también por la voz interior o lo que podríamos llamar un "narrador interior", que comenta cada paso que damos. Este "narrador" es como un río de pensamientos y palabras que fluye incesante en nuestra cabeza, configurando la imagen que tenemos de nosotros y, como un espejo, la forma en que nos presentamos al mundo.

Pero más que un simple espectador, este narrador es un actor principal en el escenario de nuestra psique. Influye en nuestro estado de ánimo, moldea nuestras decisiones y, en última instancia, dirige el curso de nuestra vida. Imagina cada pensamiento como una escena en tu autoimagen. Esta voz narrativa interna es un flujo constante de pensamientos, opiniones y creencias que moldea nuestra percepción de nosotros y del mundo que nos rodea. Pero, ¿quién es realmente este narrador? ¿Somos nosotros, es nuestra mente o son ecos de las voces que hemos internalizado a lo largo de nuestra vida?

La distinción es vital porque nuestro narrador interior tiene el poder de ser nuestro mayor aliado o nuestro más feroz crítico. Pensamientos positivos y afirmaciones pueden iluminar nuestro escenario personal con confianza y posibilidades, mientras que las críticas y dudas internas pueden arrojar sombras de miedo y limitación.

Por eso pienso que el arte más profundo que puedes practicar es el diálogo interno porque configura la imagen de quién crees ser. Este es un diálogo que no surge de la nada, sino que está moldeado por tus experiencias, las voces que te importan, la cultura en la que vives y las expectativas sociales. A lo largo de la infancia y la juventud, estas influencias empiezan a formar parte de tu diálogo interno sin que te des cuenta. Sin embargo, no todas las voces en tu mente son tuyas; muchas son ecos de lo que otros han dicho o esperan de ti.

Reconocer este coro de voces es muy importante porque te permite discernir cuáles te sirven y cuáles te limitan. Al comprender que tienes el poder de cuestionar y cambiar tu diálogo interno, recuperas el guion y comienzas a corregir, a añadir nuevas narrativas, a modificar escenarios, incluso el guion completo de tu vida.

Digamos que debemos aspirar a apropiarnos de las voces materna y paterna. La de los personajes, no de las personas que hicieron el papel de nuestros padres. ¿Cómo sería una voz así? Se parecería más a una que te reconozca por tus méritos y potencial, que te consuele en los momentos de duda y tristeza, que te oriente cuando hay duda y que incluso celebre tus éxitos. Apropiarte de estas voces te ayuda a reescribir un guion interno que te motive, te inspire y te guíe hacia la realización de tus sueños y objetivos. Digamos que te conviertes no solo en actor, sino en el autor de tu historia, eligiendo conscientemente el tono, el tema y el mensaje de la narrativa que se desarrolla en tu mente y en tu vida misma.

El poder del diálogo interno no solo transforma la percepción que tienes acerca de ti, sino también tu modo de ver la realidad. Al cambiar la forma en que te hablas, cambias la manera en que te percibes y, finalmente, la manera en que vives.

Ejerciendo la autoría de nuestra vida

Pero llega un momento en el cual nos detenemos bajo el foco de la atención en medio del escenario y nos preguntamos: ¿Es este el papel que realmente quiero interpretar? ¿Esta historia refleja quién soy o quién deseo ser? Es como si te subieras al escenario y, con el corazón palpitante, le dijeras al director: "No quiero seguir este guion. Quiero escribir el mío." Este descubrimiento marca el inicio de un viaje de autorreflexión, empoderamiento y, lo más importante, de reescritura personal.

Nos damos cuenta de que, aunque esas voces del pasado han contribuido al desarrollo de nuestra trama, quizá haya llegado el tiempo de reevaluar y, si es necesario, comenzar un nuevo acto bajo nuestra dirección. Pero tú y yo sabemos que este proceso de cuestionamiento no es sencillo porque implica desafiar lo inculcado por figuras de autoridad, creencias arraigadas y, a veces, enfrentarse a la resistencia, tanto interna como externa. Sin embargo, es también una oportunidad única para reclamar tu poder y redirigir el curso de tu vida. Convertirte en el guionista de tu vida significa darle voz a tus deseos, ambiciones y valores; escribir nuevos diálogos que resuenen contigo y te inspiren a perseguir tus sueños.

Entonces este es el momento de preguntarnos: ¿Qué partes de mi guion actual reflejan verdaderamente mis deseos, aspiraciones y valores, y cuáles son meras repeticiones de lo que otros esperan de mí? La tarea ahora es discernir y decidir conscientemente qué conservar, qué modificar y qué eliminar por completo de nuestra narrativa personal. Para hacer esto, considera estos pasos:

- **Revisión:** dedica tiempo a reflexionar sobre los principales temas y mensajes de tu vida hasta ahora. ¿Cuáles resuenan contigo y cuáles sientes que te fueron impuestos?
- **Decisión:** decide activamente qué aspectos de tu historia quieres cambiar. ¿Hay creencias limitantes, relaciones o caminos profesionales que no se alinean con tu verdadero yo?
- **Acción:** comienza a tomar pasos, por pequeños que sean, hacia la reescritura de tu guion. Esto podría significar explorar nuevos intereses, establecer límites saludables en relaciones existentes, incluso cambiar de rumbo profesional.

Recuerda, asumir el papel de guionista de tu vida no implica un rechazo total de lo que has vivido hasta ahora o de las influencias de quienes te han criado y cuidado porque, bien o mal, te han traído hasta este momento. Tomar el control de tu vida es más parecido a un acto de amor propio donde eliges conscientemente qué partes de tu historia pasada te servirán en la construcción de tu futuro.

Distinguir al actor del personaje

En el capítulo anterior hablé acerca de cómo distinguir tu voz de esas voces internas, ¿lo recuerdas? Bueno, pues ahora demos un paso más allá con esta idea. En la gran obra teatral de nuestra vida, cada uno de nosotros desempeña múltiples roles, desde ser hijos, hermanos, amigos, hasta convertirnos en padres. Sin embargo, reconocer la diferencia entre los actores que interpretan estos papeles y los personajes que representan es algo que nos puede ser muy útil. Esta distinción nos permite entender mejor las complejidades de nuestras relaciones familiares y la influencia que han tenido en nuestro desarrollo personal.

Consideremos, por ejemplo, los roles de "madre" y "padre". En mi vida, estos papeles fueron interpretados por dos actores particulares: el señor Antonio Guerra y la señora Magdalena Rojano. Como cualquier actor, ellos ya venían con su propio estilo, incluso guiones, habilidades y limitaciones. Esa fue la base y la influencia desde donde desempeñaron sus roles, afectando profundamente la obra en su conjunto y, específicamente, mi experiencia dentro de ella. Es importante recordar que, al igual que en el teatro, no todos los actores tienen el mismo talento para interpretar cada papel. Algunos pueden encontrar dificultades para transmitir amor, autoridad o incluso mantener una presencia constante en el escenario de nuestra vida. Esto no significa necesariamente que haya una falta de amor o de interés hacia nosotros; más bien, puede reflejar las limitaciones de los actores en sus roles.

El desempeño de nuestros padres como actores

Cuando percibimos que nuestros padres actúan de manera que nos parece injusta, poco cariñosa o incluso negligente, es comprensible que podamos interpretarlo como un reflejo de su amor (o la falta de este) hacia nosotros. Sin embargo, adoptar la perspectiva de que estamos lidiando con actores limitados por su propio guion y capacidades, nos ofrece una vía para la comprensión. Por ejemplo, si Antonio fue distante o Magdalena actuó con autoritarismo, esas fueron las interpretaciones de los actores en su papel, no necesariamente manifestaciones de sus emociones hacia mí. Ya hablaremos en el siguiente capítulo de las proyecciones y transferencias, por cierto.

¿Cómo distinguir al actor del personaje?

Reconozco que distinguir entre el actor y el personaje que representa, especialmente en el contexto de nuestras relaciones familiares, puede ser algo complejo. La dificultad radica no solo en separar estos elementos, sino también en enfrentar los sentimientos de culpa y conflicto que surgen al cuestionar o desafiar a nuestras figuras parentales. Es importante recordar que al examinar críticamente a los actores detrás de los roles (nuestros padres como individuos), podemos sentir que estamos faltando al respeto o desvalorizando los personajes que han desempeñado (madre, padre). Esta tensión puede hacer que el proceso sea tanto necesario como delicado.

Simplificando el proceso de distinguir las voces

Para facilitar la distinción entre la voz del personaje y la del actor, propongo un enfoque más intuitivo y directo basado en la naturaleza del mensaje que recibimos:

Voces del personaje (padre/madre): los mensajes que provienen del personaje suelen estar entremezclados, de firmeza, pero también de apoyo, comprensión, empatía y amor. Estas voces buscan guiarnos, protegernos y enseñarnos, reflejando el ideal de lo que esperamos de una figura parental.

Incluso en momentos de disciplina o corrección, el subtexto de estas comunicaciones es el cuidado y el deseo de nuestro bienestar. Claramente en ciertos momentos pueden ponernos límites, pero no con el afán de que "obedezcamos", sino con la intención de cuidarnos y de que, en la vida adulta, seamos también capaces de encontrar en nuestros límites un refugio que conjure el descuido o incluso evite el soportar un maltrato externo.

Voces del actor (persona): cuando el mensaje se siente crítico, restrictivo, humillante o desprovisto de comprensión y amor, es probable que esté surgiendo de las limitaciones personales del actor. Estas voces reflejan las propias inseguridades, miedos, heridas no sanadas y, a veces, las expectativas no cumplidas de nuestros padres como individuos. Conviene recordar que estas limitaciones del actor no definen el amor o el valor que tienen hacia nosotros como sus hijos y mucho menos reflejan nuestro valor como personas.

Manejando los sentimientos de culpa

La culpa surge, en parte, porque cultural y emocionalmente estamos condicionados a respetar de manera irrestricta y reverente a nuestras figuras parentales. Pero es una forma de respeto que muchas veces viene de la mano de la sumisión porque "les debemos la vida". En ese caso yo creo que sería más valioso deberles la felicidad, una buena autoestima o nuestra autonomía e independencia, pero de eso no se suele hablar.

Distinguir entre criticar constructivamente o entender la humanidad de nuestros padres (los actores) sin desmerecer el rol que han desempeñado en nuestras vidas (los personajes) es un equilibrio delicado. Este proceso requiere compasión tanto hacia nosotros como hacia ellos, reconociendo que todos somos seres humanos haciendo lo mejor que podemos con las herramientas que tenemos.

¿Y qué hay de aquellos que genuinamente fueron profundamente lastimados por las personas que hicieron el papel de su madre y padre en sus vidas? Por increíble que nos pueda parecer, lamentablemente, es cierto que hay quien maltrata o abusa de muchas maneras a un niño pequeño. Esos casos son reales y cuesta mucho trabajo tratar de entender que, supuestamente, eran personas haciendo "lo mejor que podían", ¿no es así? Pero es justo en casos como estos que necesitamos "rescatar" a papá y mamá (los personajes) para que no queden en manos de quien no solo no supo desempeñar el papel, sino que incluso lo deformó al punto de comportarse como un ser maligno.

Apropiándonos de los personajes y dejando ir a los actores

Pero nuestra tarea no termina simplemente con diferenciar estas voces; va mucho más allá. Se trata de reescribir activamente los guiones que hemos heredado y, de manera más significativa, apropiarnos de los personajes que representamos en nuestra vida.

Según Freud, un hito definitivo en el camino hacia la madurez emocional es la capacidad de un individuo para internalizar y asumir los roles de sus padres. Esto no significa replicar sus comportamientos, decisiones o errores; sino más bien apropiarse de la esencia de lo que significa ser "mamá" y "papá" dentro del teatro de nuestra vida.

La transformación de los roles

Es por eso que, en el proceso de maduración, nos enfrentamos a la tarea no solo de distinguir entre las acciones y palabras de las personas que hicieron el papel de nuestros padres (los actores) y los roles fundamentales que representan (los personajes), sino también de redefinir y encarnar esos roles de una manera acorde con nuestra identidad y forma de ser.

Cada niño, en el ideal de su corazón, anhela una crianza enriquecida por la presencia de padres consistentes, amorosos, protectores, guías, consejeros, cuidadores y educadores. Estos roles encapsulan las múltiples dimensiones del apoyo y la guía que facilitan un desarrollo saludable y pleno. Son los pilares sobre los cuales los niños construyen su comprensión del mundo y de sí mismos, aprendiendo a navegar por la vida con confianza y seguridad. Sin embargo, la realidad es que estos roles ideales a menudo se ven comprometidos por las propias limitaciones humanas y circunstancias de quienes los desempeñan. No todos tenemos la fortuna de recibir esta gama completa de apoyo durante nuestra infancia. Pero reconocer que estos son, en esencia, los personajes que todo niño desearía tener en su vida nos abre una ventana de oportunidad para acceder a un proceso personal de autorreparentalización, del que hablaré posteriormente.

Como adultos, tenemos el poder y la responsabilidad de revisitar estos roles, no solo para analizar y comprender la calidad de nuestra crianza, sino más importante aún, para apropiarnos de estos personajes en nuestro ser. Asumir conscientemente los roles de cuidador, protector, educador y consejero para nosotros, nos permite sanar las carencias que hayamos experimentado y fortalecer nuestra autonomía emocional y psicológica. ¿Sería mejor no tener que recurrir a este método abstracto, indirecto o hasta imperfecto? Por supuesto, pero ante la deficiencia o insuficiencia de una crianza desafortunada, lo posible siempre es mejor que la renuncia a la reparación.

Dicho esto, de lo que se trata este proceso, es de convertirnos para nosotros en los padres que siempre deseamos o necesitamos, llenando nuestros vacíos con compasión y comprensión. En este proceso, no solo nos hacemos más completos, sino que también nos equipamos para ofrecer a los demás un tipo de apoyo más profundo y empático, basado en la comprensión íntima de su valor.

Al final, la tarea de todo adulto sano es convertirse en su propio padre y en su propia madre, asumiendo y personalizando esos roles ideales para cultivar un bienestar integral. ¿Cómo iniciar este camino? Veamos:

Internalización de los roles parentales ideales

Apropiación: comienza con la comprensión de que los roles de "mamá" y "papá" llevan consigo ciertas responsabilidades, enseñanzas, modos de cuidado y protección que son universales, más allá de cómo nuestros padres hayan cumplido esos roles. Apropiarse de estos personajes significa reconocer la validez de esos roles en nuestra vida y decidir cómo queremos vivirlos de forma auténtica.

Ejemplos de apropiación de roles parentales:

- **El rol de cuidador:** tradicionalmente, este rol se asocia con la figura materna, pero es fundamental para cualquier adulto incorporarlo en su autocuidado. Apropiarse de este rol significa nutrir tu cuerpo y mente, asegurándote de que tus necesidades básicas (como alimentación, descanso, ejercicio y atención médica) sean satisfechas. Es aprender a tratarte con la misma ternura y cuidado que una madre ideal ofrecería a su hijo.

- Ejemplo: Establecer rutinas de cuidado personal que reflejen amor propio, como prepararte comidas nutritivas o darte tiempo para actividades que rejuvenezcan tu espíritu y cuerpo.

- **El rol de protector:** este rol que suele estar vinculado con la figura paterna, implica garantizar la seguridad y el bienestar. Al apropiártelo, te conviertes en tu protector, estableciendo límites saludables en tus relaciones y defendiéndote contra situaciones, personas o relaciones que puedan ser tóxicas o dañinas para ti.
- Ejemplo: aprender a decir "no" sin culpa a demandas que comprometen tu integridad personal, dignidad o tu tiempo; protegiendo así tu bienestar emocional y físico.

- **El rol de educador:** padres y madres son a menudo los primeros maestros de un niño, guiándolos a través del descubrimiento del mundo. Al asumir este rol, te comprometes con el aprendizaje y el crecimiento continuos, buscando activamente oportunidades para expandir tu conocimiento y habilidades.
- Ejemplo: inscribirte en cursos que te interesen, leer libros que expandan tu perspectiva, dedicar tiempo a desarrollar una nueva habilidad o pasatiempo.

- **El rol de consejero:** este rol implica ofrecer guía y apoyo emocional, algo que tradicionalmente se espera de ambos padres. Significa aprender a escucharte y aconsejarte con compasión, entendiendo tus emociones y pensamientos sin juzgarte duramente y mucho menos castigarte por haber cometido errores.

- Ejemplo: practicar la autorreflexión a través de la meditación o escritura de un diario, permitiéndote procesar tus sentimientos y tomar decisiones conscientes sobre cómo manejar situaciones difíciles. En este caso también la autocompasión se hace indispensable. Tratarte con amabilidad cuando más lo necesitas es una muy buena manera de ejercer este rol para ti.

- **El rol de modelo a seguir**: los padres sirven como ejemplos a seguir en muchos aspectos de la vida. Al tomar este rol, te esfuerzas por vivir de manera que te sientas orgulloso de ti, siendo un modelo de las cualidades que valoras, como la integridad, la generosidad y la perseverancia.
- Ejemplo: comprometerte a actuar según tus principios, incluso cuando sea difícil y vivir de una manera que refleje tus valores más profundos.

Apropiarse de estos roles no es replicar exactamente lo que nuestros padres hicieron o no hicieron y tampoco hacer lo contrario nada más para sentir que se toma un camino "propio". Se trata de extraer la esencia de cada función y aplicarla a nuestra vida de manera que fomente nuestro crecimiento, bienestar y felicidad. Reconociendo y llenando estas necesidades por nuestros medios, nos hacemos más completos, resilientes y autónomos.

Transformación: este paso implica tomar los elementos fundamentales de esos roles y adaptarlos a nuestras necesidades, deseos y circunstancias actuales. Significa preguntarnos: ¿Cómo puedo ser un buen padre para mí? ¿Cómo puedo ofrecerme amor incondicional, guía, apoyo y protección? Este proceso de auto-parentalidad implica desarrollar una voz interna que sea tanto alentadora como desafiante, que nos impulse a crecer y a enfrentar nuestras vidas con coraje y compasión.

Internalización: esto lleva más tiempo, pero al internalizar estos roles, empezamos a vivir de acuerdo con los elementos que consideramos importantes, haciéndolos parte de nuestra estructura emocional y psicológica; es decir, ya no tenemos que recordarlos porque nunca se olvidan. Esta internalización nos permite ser autosuficientes, seguros y empáticos con nosotros y con los demás.

La internalización de los roles parentales ideales es un proceso psicológico y emocional profundo, en el cual aprendes a incorporar y a ejercer dentro de ti las funciones de cuidado, orientación y apoyo que idealmente recibirías de tus padres. Este proceso es fundamental para el desarrollo de la autonomía y la salud emocional, permitiéndote responder a tus necesidades emocionales, físicas y espirituales de manera efectiva.

A continuación, te detallo aspectos clave de esta internalización:

- **Reconocimiento de las necesidades no satisfechas:** el primer paso hacia la internalización implica reconocer y aceptar las carencias o las experiencias negativas en la crianza. Esto puede incluir la falta de apoyo emocional, guía inadecuada o la ausencia de un ambiente seguro y amoroso. Reconocer estas carencias, permite identificar qué aspectos de los roles parentales ideales se deben fortalecer internamente.
- **Aprendizaje y desarrollo de habilidades parentales internas:** una vez identificadas las necesidades, el proceso continúa con el aprendizaje y el desarrollo de habilidades que correspondan a los roles parentales desea-

dos. Esto puede implicar comprometerte con técnicas de autocuidado, desarrollo emocional, toma de decisiones y establecimiento de límites saludables, entre otros. El objetivo es adquirir las herramientas necesarias para proporcionarte el amor, la protección, la guía y el apoyo que requieres.

- **Diálogo interno constructivo:** la internalización también implica transformar el diálogo interno. Esto significa reemplazar críticas o mensajes negativos por afirmaciones que reflejen comprensión, aceptación y apoyo. Ya vimos que el modo en que te hablas tiene un impacto significativo en tu autoestima y bienestar emocional, por lo que cultivar un diálogo interno positivo es esencial en este proceso.

- **Practicar la autocompasión y el perdón:** la autocompasión es un componente crucial en la internalización de roles parentales. Implica tratarte con la misma amabilidad, cuidado y comprensión que ofreceríamos a un buen amigo al padre o a la madre de un niño. Esto también puede incluir el perdón hacia ti por errores pasados y hacia los padres por las deficiencias en su rol, reconociendo que todos somos seres humanos limitados y falibles.

- **Establecimiento de una estructura de autocuidado:** desarrollar una rutina de autocuidado que atienda tanto las necesidades físicas como emocionales es parte fundamental de asumir estos roles internamente. Esto puede variar desde mantener una dieta equilibrada y una rutina de ejercicio hasta dedicar tiempo a actividades que nutran el espíritu y la mente.

- **Buscar relaciones que refuercen la internalización:** rodearte de personas que modelen los roles parentales saludables puede servir de apoyo y referencia en este proceso de internalización. Estas relaciones, ya sean amistades, parejas o mentores, pueden ofrecer ejemplos de interacciones sanas y proporcionar el afecto y el apoyo emocional complementario al autocuidado.

Apropiarse e internalizar los roles parentales es un acto de crecimiento personal que nos permite convertirnos en los cuidadores de nuestra vida. A través de este proceso, aprendemos a satisfacer nuestras necesidades emocionales y físicas, a guiarnos con sabiduría y a ofrecernos el amor y el apoyo que todo ser humano merece. Es un viaje hacia la autoafirmación y la plenitud, donde nos convertimos en los protagonistas de nuestra historia, capaces de ofrecer a nosotros y a los demás lo mejor de nuestro ser.

El legado reimaginado

Apropiarse de los personajes de mamá y papá no es un acto de usurpación, sino de homenaje y evolución. Es reconocer que, aunque nuestros padres (los actores) fueron imperfectos, los roles que representaron tienen un valor intrínseco que podemos honrar y llevar adelante de maneras que reflejen nuestra autenticidad.

En este proceso, aprendemos a ser los padres que necesitamos para nosotros y, potencialmente, para otros en nuestras vidas. Nos convertimos en fuente de nuestra sabiduría, amor y guía. Este es el corazón de la madurez emocional: la habilidad de nutrirnos, desafiarnos y cuidarnos, reconociendo que la capacidad de hacerlo reside dentro de nosotros, influenciada, pero no limitada por las figuras de nuestros padres.

La tarea de convertirnos en nuestro padre y madre es, en última instancia, una invitación a vivir vidas más plenas, conscientes y autodirigidas. Es un viaje hacia el descubrimiento de que, al final, los personajes más importantes en la obra de nuestra vida somos nosotros. Ya lo dije al principio del capítulo, a las personas que hicieron el papel de nuestro padre y de nuestra madre, los convertimos en actores eméritos, que sin duda conservan un lugar, pero que ya no actúan decidiendo sobre el escenario de nuestra vida.

Dándole voz a tu interior: el poder de la autenticidad

Para convertirte en el verdadero guionista de tu vida, el primer acto es darle el protagonismo a tu voz interior. Imagínalo como el proceso de ajustar el foco en una cámara: al principio, puede que todo parezca un poco borroso, lleno de ruido y distracciones. Pero a medida que giras el lente, las cosas comienzan a aclararse hasta que, finalmente, lo que realmente importa captura toda tu atención en el centro de la imagen.

Este enfoque es precisamente lo que tu voz interna necesita: un momento para ser escuchada por encima del ruido cotidiano, las expectativas ajenas y los constantes "deberías" cubiertos por capas de obligaciones y rutinas que dominan nuestra vida. Darle mayor peso a tu voz interna significa iniciar un diálogo contigo que tal vez haya sido pospuesto por mucho tiempo. Es preguntarte sinceramente: ¿Qué es lo que quiero para mi vida? ¿Qué historias me emociona contar sobre mí? ¿Cuál es el personaje que quiero representar en el escenario de mi vida y cuáles son los mensajes que quiero que transmita?

Ahora bien, este no es un camino que se recorre de la noche a la mañana. Requiere práctica, paciencia y, sobre todo, escucharte con dedicación, incluso cuando las voces externas intentan imponer su guion. La recompensa es inmensa: una vida que se siente más tuya y con la que te puedes plantar ante el mundo.

Pasos para sintonizar con tu voz interior

Entonces, como dije, todo comienza por dar un paso atrás del ruido cotidiano para sintonizar contigo. Así que te voy a dar algunos pasos prácticos que te ayudarán a escuchar y fortalecer tu voz interior.

- **Encuentra tu zona de paz:** el primer paso es encontrar un espacio tranquilo en el que puedas estar a solas y sin interrupciones durante algunos minutos. Este lugar te servirá como tu sala de ensayos para escuchar con claridad los sonidos sutiles de tu interior que te permitan desempeñarte de acuerdo con tu guion. Puede ser en algún momento del día, en un espacio dentro de tu casa o un parque cercano.

- **Hazte las preguntas correctas:** comienza el diálogo interno formulándote preguntas que vayan dirigidas a tu corazón y a tu alma. Por ejemplo:

  - ¿Cuál es mi propósito en la vida?
  - ¿Estoy dando y recibiendo amor de una manera que llena mi corazón?
  - ¿Qué es lo que me hace sentir más orgulloso de mí?
  - ¿Hay alguien a quien necesito perdonar o de quien necesito buscar perdón para liberar mi corazón?
  - ¿Por qué cosas en mi vida me siento profundamente agradecido en este momento?
  - ¿Qué legado deseo dejar en el mundo y cómo estoy trabajando para crearlo?

Es posible que al inicio no tengas muy claras las respuestas, pero la perseverancia puede darte inspiración. Si algo no fluye de momento, déjalo por un rato y después vuelve a él.

- **Anota lo que descubres:** ten siempre listo algo con que anotar porque muchas veces las respuestas aparecen en los momentos y lugares más inesperados. Llevar un diario de tus pensamientos y respuestas es como escribir justamente el guion de tu vida. No solo te ayuda a clarificar tus pensamientos, también te permite ver el progreso y los patrones a lo largo del tiempo. Anota tus descubrimientos, tus sentimientos y cómo estos se alinean con lo que quieres para ti en la vida.

- **Prioriza tu bienestar:** una voz interior fuerte y clara solo puede emerger de un "yo" bien cuidado. El bienestar físico, emocional y mental son esenciales para mantenerte en las mejores condiciones. Incorpora prácticas que nutran tu cuerpo y alma, ya sea a través de la meditación, el ejercicio, la lectura o cualquier actividad que te llene de energía y alegría. Incluso lo más básico como estar bien descansado, hidratado y alimentado es muy importante. Es más, enfocarte en tus tareas cotidianas sin distracciones innecesarias es otra forma de cuidarte y aprovechar tu tiempo.

- **Aprende a diferenciar:** con práctica y atención, comenzarás a distinguir entre las voces e historias que verdaderamente te pertenecen y los ruidos externos que han interferido con tu historia personal. Esto te permitirá ajustar, eliminar o fortalecer ciertas páginas en el guion que quieres escribir.

Empezando a reescribir el guion

Ahora que has comenzado a dar mayor peso a tu voz interna, es el momento de tomar un nuevo rol: el de guionista de tu vida. Este proceso no implica necesariamente grandes cambios de la noche a la mañana, sino más bien una serie de pequeños ajustes que, sumados, te llevarán a un mejor lugar.

Piénsalo como el proceso de pulir un guion en desarrollo. Cada día te brinda la oportunidad de revisar, modificar y mejorar las líneas de tu historia. Estos ajustes pueden ser tan simples como cambiar la forma en que te hablas, elegir conscientemente en qué y en quién enfocas tu tiempo y energía, o tomar pequeñas decisiones que reflejen más auténticamente tus deseos y valores.

Veamos algunos pasos iniciales, yo sé que aún no estamos silenciando o modificando las voces parentales; pero antes tenemos que fortalecer la tuya, ¿no te parece?:

1. Identifica lo que quieres cambiar
Reflexiona sobre las áreas de tu vida donde sientes que el guion no refleja tu verdadero yo. Puede ser tu carrera, relaciones personales, salud o cualquier otro aspecto importante. Dedica unos minutos cada noche para reflexionar sobre tu día, identificando momentos en los que no te sentiste alineado con tus deseos. Anota estos momentos y pregúntate qué te gustaría cambiar.

2. Visualiza tu historia ideal
Imagina cómo sería tu vida si tuvieras el poder de escribir cualquier guion. ¿Qué estás haciendo? ¿Con quién estás? ¿Cómo te sientes?

Podrías crear un tablero de visualización con imágenes y palabras que representen tu vida ideal. Míralo diariamente para mantenerte inspirado y enfocado en tus metas. Un ta-

91

blero de visualización es una herramienta de motivación que consiste en un collage visual de imágenes, palabras, frases o elementos que representan tus sueños, metas y aspiraciones.

Al colocar este tablero en un lugar donde puedas verlo frecuentemente, te sirve como recordatorio diario y fuente de inspiración para avanzar hacia la realización de tus objetivos. La idea es que, al visualizar constantemente estos objetivos, no solo los recuerdes, sino que te motives a tomar acciones concretas para hacerlos realidad. Sin acción, no hay cambio.

3. Haz pequeños ajustes en tus diálogos internos

Cambiar frases negativas por afirmaciones positivas puede transformar cómo te percibes y actúas. Sustituye pensamientos como: "No puedo hacer esto" por "estoy aprendiendo y creciendo cada día". Como ya lo hemos visto, repite estas afirmaciones positivas cada mañana.

4. Establece pasos concretos hacia tus metas

Convierte tus grandes sueños en acciones pequeñas y manejables. Define metas claras y alcanzables para avanzar en la dirección deseada. Por ejemplo, si deseas mejorar tu salud, comienza con metas pequeñas como incorporar una fruta a tu desayuno diario o dar un paseo de 10 minutos. Anota estas metas y monitorea tu progreso.

5. Sé paciente y perseverante

Este paso es clave porque el proceso de reescritura es continuo, con días de avance y otros de estancamiento. La clave es mantener tu compromiso con el proceso. Muchas personas renuncian a él cuando sienten que no avanzan o se desilusionan cuando sienten que retroceden, así que lo repito: la palabra es *perseverancia*.

Cuando enfrentes un revés, tómate un momento para reflexionar sobre lo aprendido y cómo puedes usar esa experiencia para crecer. Recuerda, cada paso, incluso los retrocesos, son parte del proceso.

6. Celebra tus logros

Este reconocimiento es muy importante porque hacen que sientas que tu esfuerzo, perseverancia y compromiso están valiendo la pena. Es muy común prestar más atención a los errores que a los logros, y lo peor es que usamos los errores para castigarnos o como prueba de nuestra incompetencia. Crear un espacio de equilibrio también consiste en reconocer cuando has hecho bien las cosas. Recuerda que no se trata de actos heroicos que cambien el mundo, sino de pequeños logros que te están haciendo cambiar a ti.

Al alcanzar una meta pequeña, tómate el tiempo para celebrar. Esto podría ser tomarte una tarde libre para disfrutar de tu pasatiempo favorito o compartir tu logro con amigos o familiares.

Al final de este capítulo me gustaría que ya tengas la claridad de que podemos ser los autores del guion de nuestra historia y que podemos apropiarnos de esos roles a los que no podemos renunciar. Estamos al mando de nuestras vidas, más de lo que a veces creemos.

Todos estamos aprendiendo a escuchar nuestra voz y a distinguir entre lo que realmente queremos y lo que otros esperan de nosotros. Y sí, habrá momentos de duda, momentos en los que la voz crítica en nuestra cabeza quiera tomar el control. Pero también habrá momentos de victoria, momentos en los que tu voz interior, esa que realmente te representa, se haga oír fuerte y claro; así que ahora toma un momento para apreciar hasta dónde has llegado. No importa si hoy solo decidiste leer este capítulo, eso ya es un paso. Cada día que elijas actuar de acuerdo con tu voz, estarás reescribiendo tu guion.

¿Qué vimos en este capítulo?

La vida puede ser vista como un teatro donde cada uno asume el protagonismo de su historia, aprendiendo a discernir entre las voces del pasado y encontrar el propio guion.

La metáfora del teatro nos ayuda a comprender cómo nuestras figuras parentales inician como directores y guionistas principales de nuestras vidas; pero con el tiempo, la obra evoluciona para que tomemos las riendas, actualizando la marquesina para reflejar nuestra autoría y dirección.

Las voces internas heredadas tienen un impacto poderoso en nuestras vidas, pero llega el momento en el que debemos comenzar a escribir nuestros diálogos y, sobre todo, decidir el rumbo de nuestra trama.

La idea de distinguir entre los actores y los personajes en la obra de nuestra vida, destacando que los roles de "madre" y "padre" pueden haber sido interpretados por personas con sus propias limitaciones, nos invita a comprender y a separar las acciones de las intenciones y significados.

El proceso de maduración implica no solo identificar y silenciar las voces limitantes heredadas, sino también fortalecer nuestra voz interna, asumiendo un rol activo como guionistas de nuestras vidas, redefiniendo los personajes y las historias que elegimos vivir.

Es normal que, cuando se desafían a las voces parentales, puedan surgir sentimientos de culpa y conflicto interno. Aceptar que esto es parte del proceso natural de crecimiento nos permite reconocer que es necesario para alcanzar nuestra libertad.

Ejercicio sugerido para este capítulo

"El monólogo de mi vida"

Objetivo: crear un monólogo que refleje cómo te has apropiado de los roles de "madre" y "padre" en tu vida, demostrando tu transición de seguir guiones externos a escribir tu propia historia. Si sientes que aún no has podido hacer esto o todavía estás en el proceso, te ofrezco la posibilidad de que lo escribas como si ya lo hubieras logrado.

Pasos:

1. Reflexión: dedica un momento para pensar en cómo los roles de "madre" y "padre" han influido en tu vida.

- Ejemplo: si siempre asociaste la figura de "madre" con el cuidado y el apoyo incondicional o la del "padre" como el proveedor y protector, reflexiona sobre cómo este rol influenció tu manera de cuidar de ti y de los demás. ¿Has adoptado estos aspectos en tu autocuidado o en cómo apoyas a amigos y familiares?

2. Escritura del monólogo: basado en esta reflexión, escribe un monólogo desde tu perspectiva actual, dirigiéndote a ti como si fueras tu hijo. Este monólogo debe reflejar cómo has asumido estos roles, los desafíos que has enfrentado al hacerlo y cómo esto ha cambiado tu guion de vida. Haz que este monólogo sea afirmativo, amoroso y que sientas que te da cierta confianza. A continuación, te doy una guía de cómo hacerlo:

- *Introducción*
  Inicia con una reflexión sobre cómo te sentías bajo la influencia de los guiones escritos por otros.
  Ejemplo: "En el escenario de mi infancia, las

expectativas de mis padres eran los guiones que seguía, a menudo sintiéndome más como un actor secundario que como el protagonista de mi historia."

- *Desarrollo*
Describe cómo empezaste a cuestionar y a cambiar esos roles.
Ejemplo: "Al llegar a la universidad, me di cuenta de que muchas de las carreras que consideraba eran más para complacer a mis padres que para satisfacer mis intereses. Empecé a explorar áreas que realmente me apasionaban, como el arte y la psicología."

- *Apropiación de los roles*
Explora cómo empezaste a asumir y a transformar estos roles, qué significaron para ti y cómo los adaptaste a tu vida.
Ejemplo: "Decidí que ser 'padre' y 'madre' para mí mismo significaba establecer límites saludables y aprender a decir no sin sentirme culpable, protegiendo mi tiempo y mi bienestar emocional."

- *Reflexión Final*
Reflexiona sobre cómo este cambio ha influido en tu vida y visión de futuro.
Ejemplo: "Ahora, al mirar atrás, veo un camino lleno de aprendizaje y crecimiento. Cada paso hacia la apropiación de mi vida ha sido un acto de amor propio. Al mirar hacia el futuro, veo un camino donde soy el principal guionista de mi vida, no solo cumpliendo roles que otros han elegido para mí."

3. Presentación

Considera leer este monólogo en voz alta frente a un espejo o grabarlo.

Realiza una reflexión después de su lectura.

- Ejemplo: "Al escucharme decir estas palabras en voz alta, sentí una mezcla de confianza y nerviosismo, reconociendo lo lejos que he llegado y lo mucho que aún puedo moldear mi futuro."

- Recuerda que este monólogo es profundamente personal y debe reflejar tus propias experiencias, pensamientos y emociones. No hay manera incorrecta de hacerlo; lo importante es que sea auténtico para ti.

4. El espejo de las relaciones: proyecciones y transferencias

*"Tal vez una madre
no era lo que parecía ser
en la superficie."*
JODI PICOULT, escritora

Antes de adentrarnos más en cómo nuestras relaciones están moldeadas por nuestras percepciones y reacciones pasadas, es esencial entender dos conceptos fundamentales que exploraremos con detalle en este capítulo: proyección y transferencia. Aunque suelen entrelazarse en la dinámica de nuestras relaciones, cada uno tiene características únicas que afectan de manera distinta nuestras interacciones.

Definición de proyección

La proyección es un mecanismo de defensa psicológico mediante el cual atribuimos inconscientemente características, emociones o deseos propios a otra persona. Esto sucede porque es más fácil ver y enfrentar estas cualidades o deseos en otros que en nuestro interior. Por ejemplo, si te irrita especialmente la actitud defensiva de alguien, podría ser un reflejo de tu tendencia a ponerte a la defensiva en situaciones similares.

Definición de transferencia

Por otro lado, la transferencia es un fenómeno donde reaccionamos a las personas en situaciones presentes con emociones y comportamientos que realmente se originan en nuestras relaciones pasadas. Este término, acuñado en el contexto del análisis psicoanalítico, describe cómo los patrones de relación de nuestra infancia con figuras significativas como los padres, se "transfieren" a nuestras relaciones adultas. Un ejemplo claro es cuando un empleado experimenta miedo irracional ante la autoridad de su supervisor debido a la estricta disciplina de sus padres durante su niñez.

Comprender estos dos mecanismos nos ayudará a explorar cómo nuestras experiencias pasadas y presentes se entrelazan para formar el tejido de nuestras relaciones, permitiéndonos identificar y, en última instancia, modificar patrones que puedan estar afectando negativamente nuestras conexiones actuales.

Hasta ahora, nos hemos enfocado desde distintas perspectivas en esas voces que nos fueron heredadas y en los personajes que se han desarrollado en el escenario de nuestra vida. Pero no debemos olvidar que nosotros también somos protagonistas de nuestra historia y uno muy importante. No sería creíble que, a pesar de haber seguido la dirección, producción y guiones escritos por nuestros padres, en nada hayamos contribuido a la imagen que de ellos nos hemos generado, independientemente de sus actitudes y omisiones.

Entonces, imagina por un momento que cada vez que hablas con tus padres estás realmente mirando a un espejo. Pero no es un espejo cualquiera; es uno que, sin que te des cuenta, ha estado alterando cómo los ves y los entiendes. Muchas de nuestras reacciones hacia ellos tienen raíces profundas en nuestro interior, en historias y emociones que hemos proyectado en ellos.

Entender que parte de nuestra lucha con nuestros padres viene de nuestras proyecciones y transferencias, es un paso hacia una relación con ellos más clara y sana tanto como sea posible. Y no es que tener estas percepciones y reacciones sea resultado de nuestra ingratitud o maldad, son fenómenos que forman parte de la condición humana, en tanto que no los hacemos conscientes y empezamos a trabajar en ellos.

Y es verdad que nuestros padres pudieron haber sido los que, con sus acciones, pusieron la semilla para que hoy estemos proyectando y transfiriendo, pero la cuestión es que, ahora como adultos, ya nos toca hacernos cargo de la limpieza de ese espejo para ver a papá y mamá, más allá de nuestras sombras. Es en ese momento en el que realmente podemos empezar a comprender y a mejorar nuestra relación con ellos; si no es posible la real, al menos la simbólica. Es un camino que requiere cierta fortaleza, honestidad y mucha compasión, tanto hacia ellos como hacia nosotros. Pero es un camino que vale la pena, no solo por lo que nos permite sanar y mejorar en nuestras relaciones familiares, sino también porque nos ayuda a conocernos y aceptarnos un poco más. Y lo quiero recalcar: todos proyectamos y transferimos en nuestras relaciones, eso es normal; la cuestión es ser conscientes de ello y trabajar para no dejar que estas sombras empañen nuestras relaciones.

Nuestras proyecciones

Como hemos visto, la proyección nos permite desplazar emociones internas no resueltas hacia otros. Profundizando en este concepto, observemos cómo esto puede manifestarse en nuestras relaciones más íntimas, donde las emociones están a flor de piel.

La proyección es como nuestra sombra que vemos en los demás, especialmente en nuestras relaciones más cercanas, como las que tenemos con nuestros padres. A veces, es como si llevaran un espejo frente a nosotros, reflejando partes de nuestro ser que preferiríamos no ver. Una vez más, piensa en un momento reciente en el que te sentiste frustrado por la actitud de tu madre o de tu padre. Quizá fue durante una discusión sobre un tema aparentemente insignificante, y su necedad y cerrazón te parecieron incomprensibles, exasperantes. "¡Qué terco puede ser!", piensas. Pero, ¿has considerado la posibilidad de que tal vez esa terquedad te irrita tanto porque, en algún nivel, resuena con tu tendencia a aferrarte a tus opiniones y perspectivas?

Este reconocimiento puede ser un trago amargo de aceptar, ya lo sé. Después de todo, es mucho más fácil ver las fallas en los demás que enfrentar nuestras imperfecciones, ¿no es así? De hecho, esa es la razón de la proyección en primera instancia. Sin embargo, al observar nuestras reacciones hacia los demás como un reflejo de nuestras características, comenzamos a entender que nuestro entorno es un espejo en el que podemos ver reflejadas nuestras áreas de crecimiento personal.

Supongamos que te irrita que tu madre siempre quiera tener la razón, hasta el punto de distorsionar recuerdos o hechos para ajustarse a su narrativa. Esta situación te frustra profundamente porque te sientes incomprendido y, quizá, menospreciado. Pero, al reflexionar sobre esta irritación, podrías descubrir que tu necesidad de ser reconocido y validado por ella está teñida por tu inseguridad en tus recuerdos y percepciones. ¿Podría ser que, en tu deseo de ser validado, estás buscando imponer tu versión de la realidad? No te apresures a negarlo, piénsalo.

Todas estas situaciones nos llevan a una pregunta: "¿Qué parte de mi reacción es realmente sobre la otra persona y cuánto de ella soy yo proyectando mis inseguridades, miedos o deseos no cumplidos?" Al indagar en estas preguntas, empezamos a desenredar la maraña de nuestras relaciones, identificando dónde terminamos nosotros y dónde comienzan los demás. Lo más interesante de este proceso de autoindagación está en su capacidad de transformar nuestras relaciones. Al reconocer nuestras proyecciones, no solo podemos empezar a sanar y a crecer internamente, sino también a mejorar la forma en que interactuamos con quienes nos rodean.

El impacto de las proyecciones en la relación con los padres

Entonces, cada vez que interactúas con tus padres, no solo estás respondiendo a lo que dicen o hacen en ese momento; también estás reaccionando a toda una vida de historias, suposiciones y, a veces, heridas antiguas. Es como si cada comentario o acción pasara a través de un filtro compuesto por tus experiencias, temores y deseos pasados.

Esta dinámica puede manifestarse de varias maneras. Por ejemplo, si siempre te has sentido como el "pequeño" de la casa que necesita ser cuidado, podrías proyectar esa necesidad de protección en tus padres, esperando inconscientemente que sigan viéndote y tratándote como a un niño, incluso cuando ya eres un adulto. También si interiormente luchas con sentimientos de no ser suficiente, podrías interpretar cualquier sugerencia o consejo de tus padres como una crítica a tu capacidad de manejar tu vida, aunque su intención sea simplemente ofrecer apoyo.

Las proyecciones no resueltas pueden llevarnos a un terreno peligroso donde las discusiones se vuelven más frecuentes y las relaciones se tensan. En este escenario, no estamos lidiando realmente con nuestros padres tal como son, sino más bien con las versiones de ellos que hemos construido en nuestras mentes. Esta desconexión entre la realidad y nuestra percepción puede hacer que nos sintamos incomprendidos o, peor aún, rechazados por quienes más queremos. Además, las proyecciones pueden cerrar la posibilidad de ver a nuestros padres bajo una nueva luz. Atrapados en el relato que hemos creado, perdemos la oportunidad de reconocer y apreciar su crecimiento y cambios, así como de permitir que nuestra relación evolucione hacia una más madura y equitativa, solo cuando eso es posible, por supuesto.

La buena noticia es que, al tomar conciencia de la existencia de estas proyecciones, tenemos la oportunidad de romper este ciclo. Comenzar a cuestionar nuestras interpretaciones y reacciones automáticas nos permite ver no solo a nuestros padres, sino también a nosotros de una manera más clara. Entender el impacto de nuestras proyecciones es esencial para sanar y mejorar nuestra relación con ellos, incluso, también nos enseña una valiosa lección sobre la importancia de la autoobservación y la empatía en todas nuestras demás relaciones.

Reconociendo las proyecciones

Un poco a la manera de lo que vimos en el capítulo uno, pensemos que nuestra mente actúa como un espejo curvado, distorsionando la realidad para adaptarla a nuestras heridas no resueltas, temores y deseos. Reconocer cuándo estamos proyectando, requiere una introspección honesta y, a veces, determinación para enfrentar partes de nosotros que preferiríamos ignorar. Aquí hay algunas señales de alerta que te permitirán reconocer algunas de estas proyecciones y lo que pueden revelarte sobre ti:

- **Reacciones emocionales intensas:** es como si de repente un comentario casual o una pequeña acción de tus padres encendiera un fuego de emociones dentro de ti. Tal vez tu madre olvidó llamarte por tu cumpleaños o te cambió la conversación cuando le estabas contando algo muy importante para ti y te encuentras reaccionando como si fuera un acto de abandono profundo. Aquí, la clave es preguntarte: "¿Es realmente el olvido, su distracción o hay algo más que me duele?, tal vez una sensación arraigada en mí de ser olvidado o no valorado."

- **Patrones recurrentes:** son esos momentos en los que sientes que estás viendo un episodio repetido de una serie: la misma situación una y otra vez, pero con diferentes disfraces. Si continuamente te sientes menospreciado o malinterpretado por tus padres, puede ser el momento de mirar hacia adentro. ¿Podría ser que estás perpetuando este ciclo porque hay una parte de ti que cree que no merece ser comprendido o valorado?

- **Atribuciones negativas constantes:** cuando cada palabra o acción de tus padres se filtra a través de una lente oscura, revestida por tus inseguridades o miedos, estás en el territorio de la proyección. Es como si tuvieras puestos unos lentes entintados de "negatividad" permanentemente. Si te encuentras pensando "ellos siempre critican todo lo que hago" o "nunca están contentos conmigo", es hora de quitarte esos lentes y preguntarte sinceramente si es su desaprobación lo que ves o es tu crítica interna proyectada hacia ellos.

El reconocimiento de estas señales es solo el principio. El cambio verdadero inicia cuando comenzamos a preguntarnos por qué. ¿Por qué esta reacción? ¿Por qué este patrón? ¿Por qué esta interpretación negativa? Es en el "por qué" donde comenzamos a desentrañar la razón de nuestras proyecciones y, con suerte, llegamos a un lugar de mayor claridad y posibilidades para cambiar ese ciclo.

Por cierto, reconocer nuestras proyecciones no es admitir una falla, sino abrir una puerta hacia nuestro mundo interior y la forma en que se relaciona con el exterior. Nos ofrece la oportunidad de dejar de luchar contra fantasmas del pasado y comenzar a relacionarnos con quienes nuestros padres son realmente, y más importante aún, con quiénes somos nosotros en el presente. Al menos esto nos permitirá tomar mejores decisiones acerca de la relación llegado el momento. Es decir, si la situación no se resuelve, al menos ya tendrás claro que no fue por tus proyecciones que te impidieron ver las cosas como son.

¿Cómo manejar nuestras proyecciones?

Esta es una gran pregunta. Lo primero es tratar de reconocerlas y asumirlas, por supuesto. Luego, cuando nos damos cuenta de que hemos estado proyectando nuestras inseguridades, miedos o deseos no satisfechos en nuestros padres, el siguiente paso es aprender cómo podemos desprendernos de estas distorsiones. Veamos algunas ideas:

- **Pausa y reflexión:** antes de reaccionar a algo que tus padres han dicho o hecho, tómate un momento para respirar; un par de respiraciones profundas o dejar pasar unos cuantos segundos puede servir. Esta pausa puede ser tu mejor aliada para evitar caer en patrones reactivos automáticos que a menudo son alimentados por proyecciones antiguas. Pregúntate: "¿Estoy viendo la situación tal como es o estoy entintándola con mis expectativas y heridas pasadas?"

- **Diario de autoexploración:** escribir sobre tus reacciones y sentimientos puede ser una herramienta poderosa para desentrañar las raíces de tus proyecciones. Una entrada de este diario podría ser así:

10 de abril.
Hoy me sentí herido por las críticas de mis padres. Parecía que nada de lo que hacía era suficientemente bueno para ellos. Pero luego recordé lo que había aprendido sobre la proyección. Me pregunté: ¿Soy también muy crítico conmigo? Me di cuenta de que sí, que a veces soy mi peor crítico y me exijo demasiado. Este reconocimiento fue difícil de aceptar, pero también una oportunidad para crecer y mejorar. Necesito trabajar en ser más amable conmigo y reconocer mis logros.

Al volver a leer lo que has escrito, podrías empezar a ver patrones que indican lo que realmente estás proyectando. Por ejemplo, si sientes que tus padres son arrogantes porque creen que lo saben todo, escribe sobre esos momentos y luego explora si hay momentos en tu vida en los que quieres imponer tu punto de vista como si fuera el camino correcto para seguir.

- **Dialoga con compasión:** una vez que tengas una mejor comprensión de tus proyecciones, considera compartir tus reflexiones con tus padres si lo crees posible y conveniente. Esto no significa culparlos por cómo te sientes, sino más bien explicar que estás trabajando en comprender mejor tus propias reacciones y emociones. Un enfoque puede ser: "Me he dado cuenta de que a veces reacciono fuertemente a ciertas cosas que dices o haces, y estoy aprendiendo que parte de esa reacción es más sobre mí que sobre ti."

- **Practica la autocompasión:** reconocer y trabajar en nuestras proyecciones puede ser todo un reto y a veces es doloroso. Sé gentil contigo a medida que recorres este camino. Todos tenemos áreas de crecimiento y, el hecho de que estés tomando pasos para enfrentar y superar tus proyecciones, es un muy buen inicio en este proceso.

La importancia del perdón en la superación de proyecciones

Probablemente te estés preguntando: ¿Qué tiene que ver el perdón ante todo esto? Bueno, digamos que el perdón es una herramienta poderosa para desmantelar las proyecciones. Cuando proyectamos nuestros miedos, inseguridades o traumas no resueltos en nuestros padres, con frecuencia estamos reaccionando no solo a la situación presente, sino también a todas las veces que nos sentimos heridos o incomprendidos en el pasado. Perdonar significa reconocer estos dolores pasados y decidir conscientemente no dejar que dicten nuestra realidad y respuestas actuales.

El primer paso hacia el perdón verdadero pasa frecuentemente por perdonarnos a nosotros o mejor dicho, a un yo del pasado que es quien estuvo presente cuando todo aquello ocurrió. Esto puede incluir perdonarte por haber mantenido ciertas proyecciones o resentimientos durante tanto tiempo o por la manera en que estas proyecciones han afectado a tus relaciones. Reconocer y aceptar tus fallas y vulnerabilidades en el pasado te permite desactivar el poder que las proyecciones tienen sobre ti en el presente.

Y claramente, también está reconocer la humanidad en nuestros padres. Parte del proceso de perdón implica verlos como seres humanos completos, con sus propios traumas, miedos y heridas. Esto no significa excusar comportamientos dañinos o descartar nuestro dolor, de ninguna manera, sino más bien comprender que todos estamos recorriendo este complejo viaje de la vida lo mejor que podemos con las herramientas que tenemos.

Hace tiempo, mientras impartía mi taller *Sanando heridas de la infancia*, hablábamos acerca de esto en un segmento. De pronto, una mujer, con las emociones visiblemente a flor de piel, pidió la palabra y preguntó: "¿Entonces eso es todo, tenemos que reconocer que nuestros padres hicieron lo mejor que pudieron con lo que sabían y ya?" Claramente, mucho pasaba por su cabeza y más por su corazón en ese momento. La miré por un instante y respondí: "No, no es tan simple como eso, reconocer que nuestros padres hicieron lo mejor que pudieron con lo que tenían no significa que tengas que negar tu dolor o minimizar tus experiencias. Es un paso importante, sin duda, pero no es el final del camino. Es solo el comienzo de un proceso más profundo de sanación."

Hice una pausa para dejar que mis palabras se asentaran y luego continué: "Validar tu dolor es fundamental. Permítete sentir la tristeza, la ira, la decepción... todas las emociones que afloren en ti, no las reprimas. Es importante que te escuches y que honres tus sentimientos. Al mismo tiempo, también es importante recordar que tus padres han sido seres humanos con limitaciones y errores; ellos no son perfectos, así como nadie lo es. ¿Cometieron errores?, sin duda. Como dije, a veces, las personas hacen lo mejor que pueden con las herramientas que tienen y eso no siempre es suficiente. El objetivo no es llegar a perdonarlos o negar lo que te pasó. El objetivo es comprender que el pasado no se puede cambiar, pero sí puedes cambiar la forma en que lo interpretas y cómo te afecta en el presente. Puedes aprender a vivir con las cicatrices del pasado sin que te definan porque se puede vivir con cicatrices, pero no con heridas abiertas."

Miré a la mujer, que ahora tenía lágrimas en los ojos. "Es un proceso largo y doloroso, pero es posible sanar esas heridas." Con estas palabras intenté darle a la mujer un poco de esperanza y un camino a seguir. El proceso de sanación no es fácil, pero es posible. El primer paso es reconocer que siempre podemos buscar la ayuda necesaria.

Desapego de las expectativas

Muchas veces, nuestras proyecciones están arraigadas en expectativas no cumplidas. Perdonar implica soltar estas expectativas de cómo creíamos que nuestras relaciones "debieron" ser, y en su lugar, aceptarlas por lo que son. Lo mismo va para las personas que hicieron el papel de nuestros padres. Todos tenemos una idea de cómo una madre y un padre deberían ser, pero ya vimos que no siempre el actor tiene el talento para interpretar al personaje adecuadamente.

Al avanzar hacia el perdón podemos descubrir una capacidad ampliada para la empatía, tanto hacia nosotros como hacia nuestros padres. Comprender que todos estamos sujetos a errores, que todos llevamos nuestras cargas, puede abrir un espacio de compasión y entendimiento mutuo. Pero es importante recordar que el perdón es un proceso, no un destino. Puede haber días en que sientas que has retrocedido, pero cada paso hacia el perdón, por pequeño que sea, es un paso hacia una mayor libertad emocional.

Por cierto, es importante recordar que el perdón es un proceso personal y que no hay una obligación de hacerlo si no sientes la fortaleza necesaria. No se trata de negar el dolor que has sufrido o de minimizar tus experiencias. Se trata de encontrar una forma de dejar de lado la ira y el resentimiento que puedas sentir hacia las personas que hicieron o hacen el papel de tus padres. Sin embargo, si no te sientes preparado para perdonar, no te sientas culpable. Es normal sentir ira, tristeza o incluso odio hacia ellos después de haber sufrido un trauma. Quizá para ti estas emociones son tu última defensa para mantenerte con salvo si no has aprendido a poner límites (esto lo veremos con detalle en el siguiente capítulo), pero sin duda hay otras maneras. Perdonar no es algo que se pueda hacer de la noche a la mañana, es un proceso que lleva tiempo y esfuerzo. Lo importante es que encuentres una forma de vivir con tu pasado sin que te defina como si estuviera grabado en piedra.

Por cierto, en ciertas sociedades y culturas hay una creencia muy arraigada de que los hijos no tienen que esperar a que sus padres les pidan perdón o que ellos "no son nadie" para juzgarlos o perdonarlos. Que las decisiones y acciones de los padres siempre son por nuestro bien, aunque no podamos entenderlas y que, por lo tanto, no debemos cuestionar ni criticar nada de lo que hacen o automáticamente pasaremos a formar parte de los demonios, de los canallas y malagradecidos. Este tipo de creencias son precisamente las que dificultan poner límites a esas voces parentales. Sin embargo, lo más importante es que encuentres lo que te ayude a sentirte mejor. No hay una respuesta correcta o incorrecta cuando se trata de perdonar a tus padres. Lo que importa es que encuentres una forma de vivir con tu pasado de manera que te permita ser feliz y saludable.

Aquí hay algunas frases que pueden ayudarte a expresar tus sentimientos si no estás listo para perdonar:

"No estoy listo para perdonar a mis padres por lo que me hicieron. Todavía estoy procesando mi dolor y tratando de comprender lo que pasó."

"No sé si alguna vez podré perdonar a mis padres. Pero estoy trabajando en ello, y eso es lo que importa."

"No estoy obligado a perdonar a mis padres. Es una decisión personal, y no me siento culpable por no hacerlo en este momento."

Úsalas para ti, si crees que te pueden ser de ayuda en este proceso.

El fenómeno de la transferencia

Como hemos explorado al inicio, la transferencia implica llevar las emociones y expectativas de nuestras relaciones pasadas a nuestras interacciones actuales. Ahondando en este fenómeno, consideremos cómo se puede manifestar en nuestras relaciones, donde con frecuencia reaccionamos no solo a la situación presente, sino a un cúmulo de experiencias pasadas que pueden distorsionar nuestra percepción de la realidad.

Imagina una cena familiar. De pronto, un comentario de tu padre te provoca gran enojo o incomodidad. Reaccionas con más intensidad de la que la situación amerita, como si las palabras de tu padre te transportaran a un viejo escenario de tu infancia. Lo que vives es una transferencia: una emoción de tu pasado se ha activado en el presente, transfiriendo a tu padre sentimientos que no corresponden a la situación actual. Digamos que se la tenías guardada de manera inconsciente y ahora se la quieres cobrar sin tener muy claro qué le estás cobrando.

Sin pretender dar una vez más una definición ortodoxa del término, podemos entender la transferencia como un fenómeno psicológico donde emociones, sentimientos y patrones de comportamiento de nuestra infancia —principalmente relacionados con nuestros padres—, se reactivan y se proyectan en personas del presente. Es como si nuestro cerebro aplicara un antiguo "filtro" a nuevas situaciones, basándose en cómo nos enseñaron a sentir y a comportarnos en el pasado.

Esta transferencia puede aparecer en cualquier momento, muchas veces sin previo aviso. Por ejemplo, si de niño te sentiste ignorado o menospreciado por tus padres cuando intentabas expresar tus necesidades o emociones, podrías desarrollar una sensibilidad particular a ser ignorado en tus relaciones actuales. Esto significa que incluso un pequeño acto de descuido, como un amigo que olvidó devolver una llamada, podría disparar una reacción emocional desproporcionada en ti, no porque este acto en sí sea extremadamente doloroso, sino porque te remonta a esos sentimientos antiguos y profundos de ser desvalorizado. También puede ser un amigo que te muestra preocupación, y esa preocupación te hace sentir amado de una manera que te recuerda a tus padres, desencadenando toda una avalancha de emociones, en ese caso positivas.

Muchos pacientes que se exigen demasiado, por ejemplo, esforzándose por destacar en sus logros hasta el punto de descuidar su bienestar, experimentan inconscientemente una necesidad casi constante de reconocimiento por sus éxitos. Cualquier indicio de desaprobación o fracaso los sumerge en ansiedad. Sin embargo, al reflexionar sobre su infancia, suelen encontrar que su sentido de valía ha estado intrínsecamente ligado a sus logros académicos, económicos o deportivos, y que los únicos momentos en que sentían el amor y la atención de sus padres, quienes estaban frecuentemente ocupados, era cuando obtenían algún reconocimiento, trofeo o logro.

Hace años, un paciente en terapia, cuyos guiones de la vida le fueron escritos llenos de exigencias y de logros de todo tipo, era aficionado al atletismo. La cuestión es que, aunque lo había practicado por años, empezó a tener ciertas lesiones. Primero en la rodilla, pero pudo atenderla. Luego tuvo una fractura, atribuida, incluso por él mismo, a la intensidad con la que estaba entrenando. Al sanar de ese incidente, tuvo después una lesión en un ligamento y eventualmente en los meniscos. Para hacer el cuento corto, tanto el médico, como su entrenador y también sus compañeros, le hicieron ver que la intensidad con la que estaba ejercitándose era poco saludable. Al conversar de esto en terapia me dijo que se sentía obligado a hacerlo porque quería demostrar a sus compañeros que él era capaz de destacar y ser un ganador. Pero lo que descubrimos es que él había abrazado esa disciplina no por convicción o afición genuina, y que ni siquiera era a sus compañeros y a su entrenador a los que quería demostrar algo. Realmente estaba intentando demostrar a sus padres (ambos ya habían muerto, por cierto) su capacidad en algo que se salía del guion establecido (a ellos nunca les gustó el atletismo). ¡Qué curioso!, salió del guion, pero al mismo tiempo se mantuvo en él. Además, parte de su tragedia es que él tenía la creencia arraigada de que, si no era un ganador, por fuerza tenía que ser un perdedor o un fracasado.

Este patrón de buscar validación externa como medida del propio valor es una clara transferencia de las relaciones parentales a las relaciones personales. Al tomar conciencia de esto, el paso siguiente es trabajar en construir una autoestima de manera independiente a la aprobación externa, reconociendo y apreciando los propios logros y cualidades.

Lo que necesitamos entender sobre la transferencia es que es como una alarma emocional, avisándonos que hay temas antiguos, quizá heridas del pasado, que todavía necesitamos atender. No se trata de si estas reacciones son correctas o incorrectas, sino de qué nos están intentando decir sobre nosotros y sobre lo que aún necesitamos procesar o sanar.

Para empezar a manejar estas situaciones, lo primero es darte cuenta de que tus reacciones intensas podrían no ser solo sobre lo que está pasando ahora, sino que podrían estar mezcladas con tus experiencias pasadas. Cuando te encuentres reaccionando fuertemente, hazte la pregunta: "¿Estoy realmente enojado por lo que acaba de pasar o hay algo más detrás de esto?" Solo hacerse esa pregunta ya es un gran paso hacia comprender mejor tus emociones. Acepta que estas emociones intensas, aunque parezcan fuera de lugar, vienen de un sitio legítimo dentro de ti que tal vez necesita un poco más de atención y cuidado. Aprender a ver nuestras reacciones con compasión y comprensión puede ser liberador y puede ayudarnos a ser más amables con nosotros y con los demás.

Reconociendo la transferencia

La transferencia, aunque comparte ciertas similitudes con las proyecciones, tiene su propia dinámica. Se centra en cómo las emociones y expectativas de relaciones pasadas (especialmente aquellas con nuestros padres o cuidadores primarios) se "transfieren" a relaciones actuales. A diferencia de las proyecciones, las transferencias pueden hacernos sentir como si estuviéramos reviviendo el pasado en el presente, incluso si las personas o situaciones actuales poco tienen que ver con aquellos recuerdos. Veamos algunas maneras en las que esto se puede hacer presente:

- **Momentos "Déjà Vu" emocionales:** una señal de transferencia puede ser la sensación de estar reviviendo una experiencia pasada en una situación completamente nueva o diferente. Por ejemplo, cuando te encuentras reaccionando a un gesto de preocupación de tu pareja como si fuera un acto de control, similar a cómo tus padres podrían haber actuado.
- **Sobrerreacción a patrones específicos:** las transferencias generalmente se activan en respuesta a patrones específicos de comportamiento que nos recuerdan a nuestras interacciones pasadas. Por ejemplo, puedes encontrarte respondiendo con ira o miedo desproporcionado a la crítica, debido a la crítica frecuente o dura de un padre en tu infancia.

¿Cómo manejar nuestras transferencias?

Al reconocer las transferencias, nos damos la oportunidad de responder de manera más consciente y menos reactiva a las situaciones y personas en nuestro presente. Entender y manejar nuestras transferencias es como aprender a navegar un río que conecta el pasado con el presente. Al reconocerlas, nos enfrentamos al desafío y a la oportunidad de desentrañar cómo nuestras experiencias previas, especialmente aquellas tempranas con figuras parentales, se proyectan en nuestras relaciones y percepciones actuales. Este proceso de reconocimiento no es meramente un ejercicio de autoanálisis; es una invitación a vivir de manera más plena, enraizada en el momento presente, liberándonos de los ciclos repetitivos que distorsionan nuestra comprensión de nosotros y de los demás.

Al afrontarlas, no solo desbloqueamos patrones emocionales arraigados, sino que también nos abrimos a una relación más auténtica con nuestros seres queridos; una donde nuestras reacciones no están predeterminadas por el guion de nuestro pasado. Este trabajo interno nos permite responder a las personas en nuestras vidas, basándonos en quiénes son realmente y en lo que está sucediendo en el aquí y ahora, en lugar de que sea a través del prisma de nuestras historias pasadas.

La gestión consciente de nuestras transferencias también nos brinda una mayor comprensión de nuestras necesidades emocionales y cómo éstas pudieron quedar insatisfechas en el pasado. Al hacerlo, comenzamos a buscar formas saludables y constructivas de satisfacer estas necesidades en el presente, en lugar de esperar, de manera inconsciente, que otros repliquen o reparen dinámicas pasadas.

Pero, para no variar, debo decir que este camino no es siempre fácil. Requiere fortaleza para enfrentar aspectos de nosotros que podríamos preferir dejar sin explorar y la voluntad de cuestionar nuestras percepciones y reacciones más arraigadas. Sin embargo, los frutos de este trabajo son invaluables: una mayor paz interior, relaciones más profundas, satisfactorias y la libertad de ser genuinamente nosotros, sin las sombras del pasado oscureciendo nuestro camino.

Con este entendimiento como base, exploremos algunas estrategias prácticas para manejar nuestras transferencias de manera efectiva, permitiéndonos construir relaciones presentes, más sanas y enriquecedoras:

- **Reconocimiento y aceptación:** el primer paso para manejar las transferencias es reconocer cuando ocurren. Esto implica darse cuenta de que nuestra respuesta emocional puede estar influenciada por nuestras experiencias pasadas más que por la situación actual.
- **Exploración del pasado:** reflexiona sobre las experiencias pasadas que pueden estar influenciando tu reacción presente. Comprender la raíz de tus transferencias puede ayudarte a ver con claridad cómo el pasado está moldeando tu percepción del presente. Puedes hacerte la pregunta: ¿Cuándo o con quién fue la primera vez que me sentí de esta manera? Si no lo puedes identificar, pero sí identificas que es algo que te ha pasado "de toda la vida", es muy probable que su origen esté en tus primeros años de vida.
- **Diferenciación entre pasado y presente:** trabaja en separar tus emociones y expectativas pasadas de tus experiencias actuales. Pregúntate: "¿Esta reacción es realmente apropiada para la situación actual o estoy respondiendo a algo que ya no existe?"
- **Comunicación:** si te sientes cómodo, habla sobre tus sentimientos y descubrimientos con las personas involucradas en el presente. Esto puede ayudar a aclarar malentendidos y a construir relaciones más auténticas y menos influenciadas por el pasado.
- **Busca apoyo:** si te resulta difícil desenredar tus emociones, considera buscar una propuesta terapéutica que te ayude a mirarte con más claridad. Un profesional puede ofrecerte herramientas y estrategias para trabajar a través de tus transferencias de una manera saludable, ya sea de manera individual o colectiva.

Al trabajar para reconocer y manejar nuestras transferencias, podemos empezar a liberarnos de los ecos del pasado que distorsionan nuestras relaciones presentes, permitiéndonos vivir de manera más plena y consciente en el aquí y ahora.

La doble vía de proyecciones y transferencias: entendiendo a nuestros padres

Es cierto que hemos hablado mucho de cómo proyectamos y transferimos nuestras emociones y experiencias a nuestros padres. Pero, ¿y si miramos el lado "B"? ¿Qué pasa con las emociones y experiencias que ellos proyectan en nosotros? ¿Cómo nos afectan?

Proyecciones: cuando los padres nos muestran sus sueños y miedos

Piensa en esto: nuestros padres, como todos nosotros, tienen sueños que quedaron en el camino, temores que los acechan en la noche y esperanzas que los guían cada día. A veces, sin darse cuenta, nos convierten en la pantalla de proyección de sus temores y deseos. Por ejemplo, un padre que en su juventud soñaba con ser pintor, pero terminó en un trabajo de oficina, podría llenar nuestra infancia de pinceles y lienzos, empujándonos hacia el arte, incluso cuando nuestro corazón late por el deporte. O una madre que creció en un hogar donde las palabras de afecto eran tan raras como la lluvia en el desierto, podría encontrar difícil abrazarnos, no por falta de amor, sino por ese antiguo miedo a la vulnerabilidad.

Estas proyecciones nacen a menudo del amor más profundo, de un deseo de vernos florecer donde ellos no pudieron o de protegernos de los dolores que ellos tuvieron que enfrentar. Pero reconocer que nuestros padres también proyectan nos ayuda a verlos más plenamente, no solo como nuestros cuidadores o fuentes de frustración, sino como seres humanos completos, con sus propios viajes emocionales.

Transferencias: los ecos del pasado en la crianza

Del mismo modo, nuestras familias no comienzan con nosotros; llevan ecos de generaciones pasadas en pesadas maletas ancestrales. La forma en que nuestros padres nos criaron, nos amaron o incluso nos hirieron, no surgió de la nada; son el resultado de sus experiencias, de los patrones que aprendieron de sus padres y del mundo que los rodeaba. Un padre que fue criado en un hogar estricto puede tener dificultades para relajar las reglas, repitiendo sin querer el guion de su infancia. Una madre que siempre se sintió juzgada por sus padres puede, sin darse cuenta, juzgarnos con la misma severidad, perpetuando un ciclo que ninguno deseó continuar.

Un claro ejemplo de transferencia en este ámbito es el patrón de abandono. Consideremos a un padre que, habiendo sido abandonado en su infancia, termina repitiendo este doloroso patrón con su hijo. Este comportamiento no se basa en una proyección de emociones no resueltas hacia su hijo, sino más bien en la repetición de un comportamiento —el abandono— que él mismo experimentó. Aquí, el pasado del padre se convierte en una lente a través de la cual ve y actúa en su relación presente, a pesar de sus mejores intenciones y amor por su hijo.

Este padre, atrapado en un ciclo de dolor no resuelto, transfiere inadvertidamente las dinámicas emocionales y de comportamiento de su infancia a su relación actual con su hijo. Se trata de una transferencia de experiencias donde los comportamientos aprendidos y las emociones vividas en el pasado se replican en el presente, perpetuando ciclos de dolor y desconexión.

Al reconocer estos patrones de transferencia, tanto los padres como los hijos pueden comenzar a entender la profundidad y la complejidad de sus relaciones. La conciencia de estas dinámicas abre la puerta a la posibilidad de cambio y sanación. Al identificar y trabajar a través de estas transferencias, podemos empezar a interrumpir los ciclos de dolor.

El papel de la resiliencia

Piensa en la resiliencia no solo como esa fuerza interna que te levanta cuando las cosas se ponen difíciles, sino como esa voz interior que, incluso en los momentos más oscuros, te recuerda que puedes salir adelante. Es como tener un amigo interno que, a pesar de las tormentas, te dice: "Vamos, tú puedes con esto."

Esta fuerza interna o resiliencia no surge de la noche a la mañana. Se va tejiendo con cada experiencia, cada caída y cada vuelta a levantarnos. Y cuando miramos de cerca nuestras relaciones con nuestros papás, con todo y proyecciones y transferencias, es ahí donde la resiliencia brilla con luz propia. Nos permite ver más allá del momento, reconocer nuestras heridas, pero también ver la oportunidad de crecer a partir de ellas.

Uno de los primeros pasos para fortalecer nuestra resiliencia es entender y aceptar nuestras emociones y experiencias. Creo que ya nos queda claro que, esa vez que reaccionaste de manera explosiva por algo que dijo tu mamá o papá, probablemente, tenía más que ver con cosas pasadas que con el momento presente, ¿no es así? Al darte cuenta de esto, puedes empezar a mirarte con más amabilidad y entender por qué sientes lo que sientes. Este proceso de mirar hacia adentro y aceptarnos es como nutrirnos todos los días. Nos permite crecer, florecer y, sobre todo, comenzar a cambiar esas historias que nos contamos sobre nosotros y nuestras relaciones.

Resiliencia en familia

En el capítulo 1 también hablé sobre la resiliencia. Pero, ¿cómo exactamente empezamos a construirla, especialmente en nuestras relaciones con nuestros padres, donde las emociones pueden ser particularmente intensas y las historias compartidas complejas? Si bien es cierto que el proceso de desarrollar resiliencia es gradual y profundamente personal, hay estrategias que pueden ayudarnos en este camino:

- **Autoconocimiento:** el primer paso es comprender nuestras emociones, reacciones y los patrones de pensamiento que nos guían. Al reconocer nuestras proyecciones y transferencias, empezamos a ver cómo nuestras experiencias pasadas influyen en nuestras relaciones actuales.
- **Autocuidado:** la resiliencia se alimenta de nuestro bienestar físico y emocional. Practicar el autocuidado, ya sea a través del ejercicio, la meditación o simplemente dedicando tiempo a actividades que nos llenan de energía y alegría, fortalece nuestra base emocional.
- **Conexión con otros:** apoyarnos en relaciones saludables y constructivas nos ayuda a recordar que no estamos solos. Estas conexiones pueden ofrecernos perspectivas diferentes, apoyo emocional y consejos basados en experiencias diversas.

- **Mentalidad de crecimiento:** ver los desafíos como oportunidades para aprender y crecer, transforma nuestra relación con la adversidad. Esta mentalidad nos permite abrazar el cambio y la incertidumbre como partes naturales de la vida.
- **Gratitud y optimismo:** practicar la gratitud nos ayuda a enfocarnos en lo positivo, mientras que el optimismo nos permite mantener la esperanza en el futuro. Ambos son componentes clave de la resiliencia, brindándonos energía para seguir adelante, incluso en momentos difíciles.

Integrar estas prácticas en nuestro día a día no solo nos ayuda a desarrollar resiliencia en general, sino que también tiene un impacto directo en cómo se desarrollan nuestras relaciones con nuestros padres. Al fortalecernos internamente, estamos mejor equipados para manejar las proyecciones y transferencias, y eventualmente, para transformar nuestras relaciones familiares de maneras que quizá nunca imaginamos posible.

¿Cómo las proyecciones y transferencias afectan nuestras relaciones presentes?

Nuestras primeras relaciones establecen el escenario para cómo experimentamos y nos comportamos en relaciones posteriores. Por ejemplo, si crecimos sintiéndonos constantemente criticados, podríamos ser hipersensibles a la crítica o a percepciones negativas en nuestras relaciones adultas, independientemente de si estas críticas son reales o imaginadas. De manera similar, si experimentamos un amor condicional, donde el afecto y la atención estaban vinculados a logros o comportamientos específicos, podríamos buscar, de forma inconsciente, replicar este patrón, esforzándonos por "ganarnos" el amor mediante logros o complaciendo a otros. El impacto que tienen en nuestra vida actual no es menor, por ejemplo:

- **Malentendidos y conflictos:** la proyección puede llevar a malentendidos y conflictos, ya que podemos reaccionar a lo que creemos que la otra persona está sintiendo o pensando, en lugar de a su verdadera intención. Esto puede causar fricciones innecesarias y sorpresa o confusión en la otra persona, quien puede no entender la fuente de nuestra reacción.

- **Ciclos de comportamiento repetitivo:** las transferencias pueden atraparnos en ciclos repetitivos de comportamiento donde buscamos inconscientemente recrear dinámicas familiares pasadas en nuestras relaciones actuales. Esto puede manifestarse en la elección de parejas que reflejan aspectos de nuestras relaciones parentales, ya sea positiva o negativamente.

- **Barreras para la intimidad genuina:** ambos fenómenos pueden levantar pesadas barreras para la intimidad y la autenticidad en nuestras relaciones. Si estamos constantemente proyectando nuestras inseguridades o reaccionando a las personas en nuestro presente con emociones arraigadas en el pasado, podemos impedirnos experimentar conexiones verdaderamente profundas y significativas.

- **El papel de la cultura**
  La cultura, con sus normas, valores y expectativas, moldea de manera profunda cómo vemos el mundo y

cómo nos relacionamos con los demás. Digamos que la cultura es un coro de voces más amplio al que tus padres también pertenecen, pero desde el cual también han sido afectados por su influencia. Es decir, ellos no se inventaron todas las cosas que te dijeron de la nada.

Así que imagina que cada vez que interactuamos con nuestros padres, no solo estamos llevando al encuentro nuestras historias y emociones, sino también un equipaje lleno de expectativas, normas y valores que la sociedad y nuestra cultura han estado llenando desde el momento en que cada uno nació. Este equipaje cultural, aunque frecuentemente invisible, marca profundamente cómo vemos el mundo, cómo interpretamos las acciones de los demás y cómo respondemos a ellas.

Desde pequeños, se nos enseña no solo a hablar, caminar o leer, sino también a entender qué es aceptable y qué no lo es dentro de nuestra familia y sociedad. Estas lecciones van desde lo más sencillo, como los modales en la mesa, hasta conceptos más complejos sobre el honor, el éxito, el deber y el amor. Todas estas ideas, que varían ampliamente de una cultura a otra, se van tejiendo en el telón de fondo de la obra de nuestra vida, influyendo en cómo interactuamos con aquellos a quienes llamamos familia.

Pero, ¿has pensado cómo estos aprendizajes culturales afectan la forma en que te relacionas con tus padres hoy en día? Por ejemplo, la manera en que ciertas culturas ponen un gran énfasis en el respeto hacia los mayores, puede llevarnos a suprimir nuestras necesidades o deseos en favor de mantener la paz familiar, incluso cuando eso signifique no abordar problemas importantes. O cómo la expectativa de logro y éxito puede transformarse en una presión abrumadora, proyectando en nuestros padres una constante necesidad de aprobación que, en realidad, es más sobre las demandas culturales que sobre ellos mismos.

Reconocer cómo la cultura influye en nuestras proyecciones y transferencias no es un proceso sencillo, pero es increíblemente revelador. Nos permite ver nuestras relaciones bajo una nueva luz, comprendiendo que parte de lo que podríamos atribuir a las peculiaridades individuales de nuestros padres o a las dinámicas únicas de nuestra relación con ellos, también puede estar profundamente arraigado en normas y expectativas culturales más amplias.

Este entendimiento nos brinda la oportunidad de elegir con más libertad cómo queremos relacionarnos con nuestros padres y seres queridos. Nos invita a cuestionar qué partes de nuestras reacciones y expectativas son realmente nuestras y cuáles hemos adoptado de las narrativas culturales que nos rodean. Y, quizá, lo más importante, nos da la posibilidad de empezar a desenredar y sanar las complejidades de nuestras relaciones, no solo a nivel personal sino también a nivel colectivo.

Así que la próxima vez que te encuentres en medio de una interacción difícil o sintiendo la presión de las expectativas familiares, toma un momento para reflexionar: ¿Cuánto de lo que estoy sintiendo proviene de mí y cuánto es el eco de las voces culturales que he escuchado toda mi vida?

En el siguiente capítulo, cuando hablemos de la dificultad personal para poner límites, recuerda el peso que tiene la cultura en todo esto.

Hacia la claridad y conexión

La buena noticia es que, al tomar conciencia de estos mecanismos, tenemos la oportunidad de cambiar la narrativa. Este proceso comienza con la introspección y el autoconocimiento, explorando nuestras historias personales para entender qué estamos proyectando o transfiriendo en nuestras relaciones. Desde este lugar de entendimiento podemos comenzar a limpiar el espejo de nuestras relaciones, permitiéndonos ver a los demás y a nosotros con mayor claridad y compasión.

Al enfrentarnos a las sombras de nuestras proyecciones y transferencias, damos el primer paso hacia la construcción de relaciones más saludables. Pero este camino no es siempre fácil; requiere de una honestidad brutal con nosotros y una voluntad de mirar hacia las profundidades de nuestro ser.

Aquí te comparto algunas maneras en las que puedes comenzar a recorrer este camino con más conciencia y compasión:

- **Tómate un respiro:** cuando sientas que tus emociones están a punto de desbordarse en una situación, haz una pausa. Pregúntate con sinceridad si lo que estás sintiendo en este momento se debe a lo que está sucediendo frente a ti o si hay ecos de tus propias historias y dolores del pasado que están influyendo en tu reacción. Ya vimos antes cómo esta pequeña pausa puede hacer una gran diferencia en cómo eliges responder.

- **Sincérate en tus relaciones:** haz un esfuerzo por mantener un canal de comunicación que sea abierto y sincero. Cuando compartas cómo te sientes, hazlo desde un lugar de vulnerabilidad, usando "yo siento" para expresar tus emociones sin apuntar con el dedo. Esto fomenta un espacio seguro para que tanto tú como la otra persona se sientan vistos y escuchados.

- **Detecta viejos patrones:** mantén los ojos abiertos para reconocer patrones en tus relaciones. ¿Notas que ciertos tipos de personas o comportamientos te atraen o te repelen de manera repetitiva? Esta observación puede ser una pista valiosa de las historias pasadas que estás proyectando en el escenario de tu vida actual. Podrías preguntarte: "¿En qué otro momento de mi vida o hacia qué persona he sentido algo así?"

- **Visita tu mundo interior**: dedicar momentos para reflexionar y explorar las raíces de tus proyecciones y transferencias puede revelar mucho sobre tus miedos, deseos y heridas. Este entendimiento puede ser liberador, dándote la oportunidad de soltar lo que ya no te sirve.

- **Cultiva compasión hacia ti:** sé gentil contigo a lo largo de este viaje. Reconocer y trabajar en tus proyecciones y transferencias puede ser un proceso emotivo y, a veces, doloroso. Recuerda que está bien ser un trabajo en progreso, trátate con amabilidad y paciencia, esto es crucial para tu sanación y crecimiento.

Mientras avanzas en este proceso de reconocimiento y manejo de tus proyecciones y transferencias, te encontrarás no solo enriqueciendo tus relaciones actuales, sino también abriendo puertas a un conocimiento más profundo de ti y a una mayor autenticidad en cómo te relacionas con el mundo y, posiblemente, hasta con tus padres.

¿Qué vimos en este capítulo?

Las experiencias y emociones de nuestro pasado marcan la forma en que vemos y nos relacionamos con el mundo, incluyendo la relación que tenemos con nuestros padres y nuestro ser.

Todos proyectamos y transferimos en nuestras relaciones. Eso es normal.

Las proyecciones son como sombras que reflejamos en otros, especialmente en aquellos más cercanos. A veces, estas sombras distorsionan la forma en que interpretamos lo que dicen o hacen, llevándonos a reaccionar no a la situación actual, sino a nuestras interpretaciones internas.

La transferencia, por otro lado, es como un viaje en el tiempo emocional. De repente, nos sentimos atrapados en el pasado, con viejas emociones, resurgiendo en situaciones presentes que no tienen nada que ver con ellas. Esto puede nublar nuestro juicio y dificultar la claridad en nuestras relaciones.

La cultura también juega un papel importante en nuestras relaciones, mezclando las normas y valores sociales con nuestras experiencias familiares. Es un tejido complejo que afecta profundamente la forma en que interactuamos con los demás.

La clave para navegar por este laberinto está en la introspección y la autoconciencia.

Ejercicio sugerido para este capítulo

"El árbol de las relaciones"

Este ejercicio está diseñado para ayudarte a visualizar y entender la influencia de las proyecciones y transferencias en tus relaciones mediante la metáfora de un árbol. Al identificar y colocar visualmente estas dinámicas en el árbol de tus relaciones, podrás obtener una perspectiva clara sobre cómo tu pasado afecta tus relaciones presentes y cómo podrías comenzar a sanar y cultivar relaciones más saludables.

Materiales:
Papel o cartulina. Lápices de colores y lápiz. Hojas de papel adhesivo de colores (tipo post-it).

Objetivos:
Identificar y visualizar cómo las proyecciones y transferencias se manifiestan en tus relaciones.

Fomentar la autoconciencia y la comprensión sobre el impacto de tus experiencias pasadas en tus interacciones actuales.

Instrucciones:
Para ayudarte a visualizar cómo utilizar el "árbol de las relaciones" en tu análisis personal, consideremos el siguiente ejemplo paso a paso que ilustra cómo una persona puede identificar y trabajar con las proyecciones y transferencias en sus relaciones más significativas.

Dibujo del árbol:
Dibuja un gran árbol en una hoja de papel. Asegúrate de incluir un tronco robusto, ramas que se extienden hacia afuera y raíces que se adentran en el suelo.

- Simbolismo: el tronco representa tu vida central, las ramas son las diferentes direcciones que has tomado influenciadas por relaciones significativas y las raíces simbolizan las influencias fundamentales y profundas en tu vida.

Selección de relaciones y ubicación en el árbol:
Selecciona cinco relaciones clave en tu vida y asigna a cada una un lugar específico en el árbol. Por ejemplo, los padres

o cuidadores principales pueden estar en las raíces, los amigos cercanos y mentores en las ramas, y las parejas o hijos en las hojas.

> Ejemplo: Juan coloca a su madre en las raíces por su influencia fundamental, a su mejor amigo en una rama cercana al tronco y a su pareja actual en las hojas superiores.

Identificación de emociones y patrones:
Junto a cada nombre en el árbol, anota las emociones primarias que sientes en esa relación y cualquier patrón recurrente.

> Ejemplo: Juan anota la frase "seguridad y expectativas altas" junto al nombre de su madre en las raíces.

Exploración de proyecciones y transferencias:
Analiza si estas emociones o patrones son realmente sobre la otra persona o si son proyecciones de tus inseguridades o transferencias de experiencias pasadas.

> Ejemplo: Juan reconoce que su frustración con la autoridad de su jefe, colocado en una rama media, es en realidad una transferencia de la relación que tiene con su padre.

Conexiones y reflexión final:
Dibuja líneas entre las relaciones que tienen dinámicas emocionales similares o influencias cruzadas, usando diferentes colores o estilos de línea para representar proyecciones y transferencias. Al conectar las relaciones con líneas de diferentes colores o estilos, visualizarás cómo las proyecciones y transferencias tejen la red de tus interacciones personales.

Por ejemplo, puedes usar una línea roja para representar las transferencias, donde las emociones pasadas afectan tus reacciones presentes y una línea verde para ilustrar las proyecciones, donde atribuyes tus sentimientos o deseos a otra persona.

Ejemplo: Supongamos que Juan ha colocado a su madre en las raíces de su árbol de las relaciones, a su jefe actual en una rama media y un antiguo entrenador en una rama baja. Juan ha identificado que tanto su madre como su jefe evocan en él sentimientos de inadecuación, mientras que su entrenador le inspiraba confianza.

Juan dibuja líneas entre las relaciones que comparten dinámicas emocionales similares o tienen influencias cruzadas. Usa diferentes colores o estilos de línea para distinguir entre proyecciones y transferencias.

Conexión entre la madre y el jefe. Línea roja (transferencia): Juan dibuja una línea roja desde las raíces (madre) hacia una rama media (jefe) para indicar la transferencia de sentimientos de inadecuación. Juan reconoce que responde a su jefe de manera similar a cómo respondía a su madre cuando era niño, especialmente cuando se siente criticado o evaluado.

Conexión entre el entrenador y el jefe - línea verde, (contraste de proyección): Juan dibuja una línea verde desde una rama baja (entrenador) hacia la rama media (jefe) para mostrar cómo la confianza que su entrenador le inspiraba contrasta con la inseguridad que su jefe le provoca.

Reflexión de Juan: Se toma un momento para reflexionar sobre cómo estas conexiones han moldeado su manera de percibirse y sus interacciones personales y laborales. Se da cuenta de que puede trabajar conscientemente para no transferir automáticamente las emociones de sus relaciones pasadas a situaciones actuales. Juan decide que quiere comenzar a responder a su jefe con la misma confianza que tenía con su entrenador, reconociendo que es posible cambiar la dinámica de sus relaciones actuales al no permitir que viejas narrativas dominen sus reacciones.

Reflexión: considera cómo estas conexiones han moldeado la percepción que tienes de ti y de otros, y reflexiona sobre cambios que podrías hacer para responder de manera más saludable y auténtica. Podrías hacerte estas preguntas:

- "¿Qué sorpresas encontraste al analizar las conexiones entre tus relaciones?"
- "¿Hay patrones que se repiten que quieras cambiar?"
- "¿Cómo puedes aplicar esta nueva comprensión para mejorar tus relaciones actuales?"

Este ejercicio es dinámico y puede ser revisado y actualizado a medida que evolucionan tus relaciones y la manera en que te comprendes. Considéralo como un mapa vivo de tu crecimiento emocional y personal, volviendo a él cada año para añadir nuevas relaciones, cambiar colores de conexión o ajustar lo que has anotado.

5. Fronteras necesarias

"Mario, ¿qué debo hacer si alguien
me maltrata, me insulta y me amenaza?"
"Ponerte a salvo y establecer límites."
"¿Y si esa persona es mi mamá?"
"También."

MARIO GUERRA,
ante un cuestionamiento del público
en un programa de televisión

Estableciendo límites saludables
y encontrando autonomía

La anécdota completa de la cita anterior es la siguiente. En el programa de televisión, después de ese diálogo, utilicé un ejemplo más radical para ilustrar la idea con la audiencia. Les dije: "Imaginen que están en un lugar solitario y de pronto una persona viene hacia ustedes con un gran cuchillo en la mano gritando que los va a matar, ¿qué harían?" Las respuestas variaron entre salir corriendo, tratar de desarmarla, llamar a la policía y, en un caso extremo, hasta contraatacar. Luego, agregué una variable pidiéndoles que imaginaran que alguien me pregunta: "Mario, ¿y si esa persona es mi mamá?" Y concluí: "Si es tu mamá, haz lo mismo, ponte a salvo o defiéndete, ni modo que dejes que te mate."

Como psicoterapeuta, he observado en mi práctica profesional y personal la complejidad de establecer límites saludables, especialmente con aquellos más cercanos a nosotros, como los padres. Esta anécdota que compartí refleja un momento de claridad sobre la universalidad de esta necesidad, independientemente de la relación.

Es natural que demos un trato diferenciado a las personas que amamos y nos aman; pero ¿qué sucede cuando, a pesar de decirnos que nos aman y saber que lo que hacen nos duele, insisten en lastimarnos? Los límites son límites. Si bien podemos hacer ciertas concesiones ante los errores o fallos del otro, como se dice comúnmente, todo tiene un límite.

En la vida, todo se encuentra en un péndulo constante entre el ser y el no ser. Las historias nacen y se apagan, los ríos fluyen desde la montaña hasta el mar y las estaciones se alternan en un ciclo interminable de renovación y despedida. Esta danza cíclica nos enseña una lección fundamental: donde termina una cosa, comienza otra. Es en ese espacio intermedio, en esos límites, donde reside la individualidad y el respeto.

Esto también ocurre en la naturaleza, donde incluso las células, esos pequeños ladrillos que conforman la vida, están envueltas en una membrana, una frontera delicada que separa su interior del vasto mundo exterior o el cuerpo que la contiene. Pero esta división no es un muro infranqueable, sino más bien una invitación al intercambio. La membrana permite la entrada de nutrientes esenciales y facilita la eliminación de desechos, protegiendo al mismo tiempo la integridad de la célula. No se trata, por tanto, de un instrumento de aislamiento, sino de un medio para sostener la vida, permitiendo que la célula prospere en un equilibrio dinámico con su entorno.

Al igual que las células, las sociedades humanas también han comprendido la importancia de definir espacios y límites. Los países y comunidades se estructuran alrededor de fronteras y normas que, más allá de marcar territorios, facilitan la convivencia y el intercambio entre diferentes culturas y personas. Estas delimitaciones, lejos de ser barreras insuperables, son puentes que nos invitan a explorar y a comprender nuestra colectividad desde la diversidad y el respeto mutuo, pero sin perder la propia identidad.

El principio de establecer límites también se aplica a nuestras vidas, especialmente en cómo nos relacionamos con nosotros mismos, con nuestros padres y con los demás. ¿Y por qué no sería así? En este punto podemos decir claramente que "donde tú terminas, yo empiezo. Tú y yo no somos lo mismo. Yo no soy una extensión tuya ni un simple apéndice".

En el camino hacia la autonomía y el bienestar personal, aprender a establecer límites saludables se convierte en una habilidad esencial. No es una tarea sencilla; requiere de introspección profunda y un compromiso sincero con nuestro crecimiento personal. Pero, además, a veces tendremos que enfrentar resistencias e inercias, ya sean de los demás o nuestras. En las dinámicas con nuestros padres, a veces insistimos en mantener contacto, tocar ciertos temas o intentar cambiarlos, ya sea por buscar su aprobación, "saldar viejas cuentas" o porque no hemos aprendido a relacionarnos con ellos de otra manera que no sea a través del conflicto. Pero hay algo que debes saber: no puedes "reparar" a tus padres, así como ellos no pudieron repararte completamente a ti. Su camino es suyo. Lo que sí puedes hacer es romper el ciclo de dolor y repetición de viejos patrones. Puedes construir el hogar emocionalmente sano que siempre has deseado, no solo físicamente, sino dentro de ti, que es lo más importante. Este no es solo el mayor regalo que puedes darte, también se convierte en un faro de esperanza, una invitación silenciosa para que tus padres sean testigos de tu sanación y crecimiento, y quizá los inspire a buscar el suyo.

Entonces, de la misma manera que las células y sociedades necesitan límites para funcionar y prosperar en nuestras relaciones personales y, especialmente, en aquellas con nuestros padres, establecer límites claros es esencial para cultivar un respeto mutuo y una interacción saludable. Así como las fronteras geográficas y las membranas celulares permiten el intercambio y la protección, los límites personales nos permiten interactuar con nuestros seres queridos de manera que nutren nuestro crecimiento individual y colectivo.

Distinción entre límites saludables y control

Una confusión común en el proceso de establecer límites saludables radica en diferenciar claramente entre lo que constituye un límite y lo que se considera un intento de control sobre los demás. Mientras que los límites saludables son declaraciones de necesidad basadas en el respeto propio y el respeto mutuo, el control busca cambiar, manipular o dictar el comportamiento de otra persona. La distinción es fundamental para comprender la dinámica de nuestras relaciones y cómo podemos interactuar de manera que fomente la autonomía y el crecimiento individual y colectivo. Veamos:

- **Límites saludables**: son expresiones de nuestras necesidades y derechos que delinean cómo deseamos ser tratados por los demás. Establecer límites es una forma de comunicar nuestras expectativas y cómo queremos que se respete nuestra integridad personal. Por ejemplo, decir: "Necesito tiempo para mí, para recargar mis energías", es un límite que ayuda a los demás a entender nuestras necesidades sin intentar cambiar su comportamiento.
- **Intento de control:** intentar controlar a alguien implica tratar de imponer nuestra voluntad sobre ellos, con la expectativa de que cambien su comportamien-

to o actitudes para satisfacer nuestras necesidades o deseos. Un ejemplo de esto sería decir: "Quiero que dejes de pasar tiempo con tus amigos y lo pases conmigo", lo cual impone nuestra voluntad sobre la otra persona sin considerar sus necesidades o derechos.

El establecimiento de límites se basa en el principio de autonomía; reconocemos y respetamos nuestra capacidad y la de los demás para tomar decisiones propias. En contraste, el control socava esta autonomía, creando un desequilibrio en las relaciones que puede llevar a resentimientos y conflictos.

Impacto de la ausencia de límites

La ausencia de límites claros en nuestras relaciones puede tener una amplia gama de efectos negativos, tanto en nuestro bienestar personal como en la salud de nuestras relaciones. Sin límites, nos volvemos vulnerables al agotamiento emocional, la pérdida de autoestima y la disminución de la autonomía personal. Eso sin contar que es precisamente la falta de límites la que nos puede arrastrar a dinámicas de relación poco saludables, donde prevalece el resentimiento y la dependencia, en lugar del respeto mutuo y el apoyo. El impacto no es menor, veamos:

- **Agotamiento emocional:** sin límites, es fácil encontrarse constantemente a disposición de las demandas y necesidades de los demás, lo que puede llevar al agotamiento emocional. Este estado de agotamiento compromete nuestra capacidad para cuidarnos adecuadamente y atender nuestras necesidades.
  - Imagina que eres el amigo al que todos acuden cuando tienen problemas. Siempre estás ahí

para ellos, sin importar la hora o el lugar. Pero con el tiempo, te das cuenta de que estás tan ocupado cuidando de los demás que te olvidas de cuidarte a ti. Te sientes agotado, sobrecargado y te cuesta encontrar tiempo para tus necesidades y deseos.

- **Pérdida de autoestima:** la incapacidad de establecer límites puede resultar en una erosión de la autoestima, ya que puede percibirse como una falta de valía propia para defender nuestras necesidades y deseos.
  - Supón que siempre cedes ante los deseos de los demás, ya sea en el trabajo, en casa o con tus amigos. Con el tiempo, puedes empezar a sentir que tus necesidades y deseos no son importantes, lo que puede erosionar tu autoestima.

- **Relaciones desequilibradas:** en este caso una parte puede sentirse abrumada, sobreexigida o menospreciada, mientras la otra parte puede adoptar un rol dominante o excesivamente dependiente.
  - Imagina que siempre eres el encargado de organizar las reuniones familiares. Te ocupas de la comida, la decoración, las invitaciones, todo. Mientras tanto, los demás miembros de la familia simplemente asisten y disfrutan del evento. Aunque te gusta ver a todos disfrutar, también te gustaría que los demás se involucraran más y compartieran las responsabilidades.

- **Conflictos y resentimiento:** la falta de límites claros puede ser una fuente constante de conflicto, ya que las expectativas no comunicadas y las necesidades no satisfechas acumulan frustración y malentendidos.

- Supón que tienes un familiar que siempre pide favores, pero nunca está disponible cuando tú necesitas ayuda. Al principio, estás feliz de ayudar, pero con el tiempo, empiezas a sentirte frustrado y resentido por la falta de reciprocidad. Este resentimiento puede llevar a conflictos si no se aborda la situación.

Identificar y entender la resistencia interna a poner límites

La resistencia es una compañera constante en el viaje del cambio, tanto el personal como el que involucra a quienes están a nuestro alrededor. Suele surgir de las profundidades de nuestros miedos más arraigados, de las heridas no sanadas y de las necesidades emocionales insatisfechas. Al intentar establecer límites saludables con nuestros padres nos podemos encontrar no solo enfrentando su resistencia, sino también lidiando con la nuestra.

Pero sabiendo que es necesario poner límites, ¿por qué no lo hacemos? Bueno, no me dejarás mentir que, no siempre resulta sencillo para todos confrontar a cualquier persona y, mucho menos, a las personas que han desempeñado el papel de papá o mamá, especialmente, cuando ellos traspasan nuestros límites. Cuando no lo haces, te vuelves alguien manipulado, se embotellan tus emociones y aguantas; pero un día acabas explotando de manera agresiva o hasta violenta, y eso no solo afecta la relación, sino que da motivos a la otra persona para pensar que todo el problema eres tú. Esto sin contar la culpa y hasta la vergüenza con la que tenemos que pagar por haberles levantado la voz o contestar con un mal modo a esas figuras sagradas. Digamos que hay personas que tienen gran maestría para hacerte agitar la botella y luego reclamarte por haberlos salpicado.

En ocasiones, sin darnos cuenta, nuestras acciones o inacciones contribuyen a perpetuar dinámicas familiares no saludables. Por ejemplo, al ceder constantemente ante las demandas de nuestros padres por evitar conflictos, de manera inadvertida reforzamos la idea de que nuestras necesidades y deseos son secundarios. O cuando expresamos nuestro desacuerdo solo a través de silencios cargados o respuestas pasivo-agresivas, en lugar de una comunicación abierta y asertiva, podemos alimentar ciclos de malentendidos y resentimientos. Reconocer nuestra participación en estos patrones, es el primer paso para cambiarlos, invitándonos a adoptar enfoques más saludables y directos en la comunicación de nuestros límites.

¿Por qué nos resistimos o sentimos que no podemos poner límites a los padres?

La resistencia puede venir de un miedo interno a ser visto como egoísta o de la presión externa de aquellos que se benefician de tus límites débiles. Las fuentes más comunes de resistencia interna son:

- La creencia de que los padres son seres omniscientes, todopoderosos, intocables e incuestionables. Como ya lo dije con anterioridad, transgredir esto, trae consigo el castigo de la culpa o al menos la etiqueta de la maldad e ingratitud.
- La creencia arraigada en nuestra valía condicional. Si los mensajes que internalizamos nos decían, directa o indirectamente, que solo somos valiosos si cumplimos ciertas condiciones (éxito, complacencia, perfección;

etcétera), es probable que nos resistamos a establecer límites por miedo a perder ese valor a ojos de nuestros padres. De manera simbólica, perder el valor es que nos dejen de querer porque si lo hacen, nos abandonarán y quedaremos huérfanos y desamparados. Aunque en la práctica esto no sea así porque ese temor es irracional, es verdad que no deja de ser uno de raíces muy profundas arraigadas en la infancia y eso nos hace sentir muy vulnerables.

Ahora desmenucemos esto un poco más para entender por qué pudiendo y aun queriendo, a algunas personas les cuesta mucho trabajo poner un alto a esas voces que a veces parece que no se callan.

No sentir el derecho a establecerlos

Un aspecto crítico de la resistencia interna es la duda sobre nuestro derecho a establecer límites. Esto puede ser particularmente pronunciado en relaciones donde prevaleció la dinámica de poder desigual, con figuras de autoridad que desalentaban la expresión de necesidades y deseos individuales. La idea de que "no es correcto" o "no está bien" establecer límites puede estar profundamente arraigada en estas experiencias.

Ya ven cómo eran estas creencias de que "a los padres no se les cuestiona", se les obedece sin importar qué y no importa si cometen un error o una injusticia, ellos saben por qué hacen las cosas y "siempre" es por nuestro bien. Como ya mencioné, incluso en pleno siglo XXI hay quien dice que los padres jamás tendrían que pedir perdón a sus hijos sin importar lo que haya pasado. A veces se prefiere ocultar tras el telón del silencio atrocidades cometidas en el seno familiar antes que "arriesgar" a la familia al escrutinio social o a desmoronarse.

Evitar ser el "malo del cuento"

La resistencia interna también puede manifestarse en el temor a que afirmar nuestras necesidades nos haga ver menos amables, ingratos o hasta malagradecidos. "¿Qué te faltó?", vociferan algunas personas en su papel de padre o madre. "No te faltó nada; tuviste comida, techo, escuela, ropa, juguetes, todo..." Y se agradece eso, por supuesto, pero no será más conveniente que nos dijeran, al menos como adultos, "Mira, es verdad que te di esto, esto y esto otro; pero quiero saber si hay algo que necesitabas que no te di o que incluso sigues necesitando de mí en este momento de tu vida". Sería un planteamiento interesante, ¿no lo creen?

Si lo que se espera es que la sumisión o el silencio sea el precio por todo lo que nos proveyeron, hay que recordar que cuando "aceptamos" ese "contrato", éramos unos niños a los que ni siquiera les plantearon así las reglas. Lo que es peor, a veces tratando de ser "el bueno", de todos modos se enojan, se ofenden o dramatizan y, hagas lo que hagas, acabas sintiéndote culpable y con frustración.

Recuerda que al final del capítulo anterior hablé del peso de la cultura y muchas veces los ojos de todos son los que parecen juzgarnos como "malos hijos", cuando eso realmente es una proyección de lo que sentimos interiormente por lo que nos ha sido inculcado. Y para acabarla, ¿sabes cómo es la "única" manera en que te vas a quitar la etiqueta del "hijo malagradecido"? Sí, con la generosidad, la bondad y la abnegación del perdón de tus padres. Eso no solo te hará sentir peor, sino que ahora los ensalza como mártires de tu maldad y baluartes de la generosidad. Vamos, que vas a quedar peor que como empezaste.

Miedo al conflicto

El miedo al conflicto es una sombra que nos sigue en muchos aspectos de nuestra vida, y cuando se trata de poner límites, especialmente con nuestros padres, esa sombra parece alargarse aún más. Hay algo en el aire cuando sabes que una conversación difícil está a punto de comenzar. Se parece mucho a ese momento justo antes de una tormenta, cuando el cielo se oscurece y puedes sentir la electricidad en tu piel. Esa sensación, esa tensión previa al conflicto, es algo que muchos de nosotros haríamos cualquier cosa por evitar. Y cuando se trata de nuestros padres, ese deseo de esquivar la tormenta se intensifica aún más. Hasta dan ganas de mejor ya no decir nada porque sabiendo que las cosas no están bien, da mucho miedo que se pongan peor. ¿Te suena familiar esto?

El miedo a decir "hasta aquí", viene para muchos del eco de voces pasadas, de momentos en que el desacuerdo se tradujo en gritos o un silencio helado que lo decía todo sin pronunciar palabra. En esos recuerdos, el conflicto no era una puerta hacia la comprensión, sino un abismo que separaba aún más.

Y luego, muy ligado al punto anterior, está el miedo a decepcionar, a ser vistos como la oveja negra por aquellos cuyas opiniones valoramos al punto de la necesidad. Nos han inculcado, a veces sin palabras, que su amor y aceptación vienen con condiciones. ¿Cómo no temer al conflicto, si parece que podría costarnos lo que más queremos?

Es entonces que el temor al conflicto se convierte en un muro invisible entre nosotros y la posibilidad de establecer límites saludables. En lugar de decir "no", acumulamos silencios. Nuestra autonomía se desvanece en un intento de mantener la paz, pero a un costo que a veces no vemos hasta que es demasiado tarde. A veces se siente que se avanza en esto, pero la realidad es que mientras estemos en la dinámica de dar un paso atrás cada vez que deberíamos avanzar, perdemos la oportunidad de cimentar nuestra identidad, dignidad y libertad.

Conviene entonces repensar nuestras creencias acerca del conflicto y reconocer que no necesariamente tiene por qué ser destructivo, sino que puede ser liberador. Es reconocer que las palabras difíciles, dichas con respeto y desde el corazón, pueden acercarnos más que cualquier silencio cargado de palabras no dichas.

Enfrentar el miedo al conflicto es una parte fundamental de nuestra vida adulta. Es aprender a decir "esto soy yo, esto necesito", sin que eso signifique que se compromete al amor o a la aceptación, al menos no de nuestra parte. Es entender que el verdadero respeto incluye respetar nuestros límites tanto como los límites de los demás, aunque a veces esas conversaciones se sientan como caminar sobre un campo minado en donde no se sabe cuándo el siguiente paso va a ocasionar una explosión.

Sin embargo, al igual que establecer fronteras, poner límites no es solo un acto de separación, sino de definición. Es decidir activamente quiénes somos con relación a los demás y quiénes queremos ser. Y en esa decisión, encontramos nuestra voz, una que es lo suficientemente fuerte para hablar, incluso cuando se siente insegura y temblorosa.

Cuando ya no puedes más: las consecuencias de acumular y explotar como un volcán

Ya hablé en este capítulo del impacto que nos deja el no poner límites, pero quiero resaltar aquí una conducta muy común que deriva en violentos desacuerdos o relaciones conflictivas con los padres. Me refiero a las personas que parece que se someten, pero realmente van embotellando sus emociones hasta que revientan; es decir, no suelen poner límites, pero si un día lo hacen, será porque ya no aguantan más y entonces sucede de manera muy destructiva. Incluso a veces, esto es aprovechado por aquellos padres, cuando son manipuladores, para limpiar sus faltas y esgrimir su defensa diciendo: "Ya ves cómo te pones." Lo peor es que en algún sentido tienen razón, pero no están tomando en cuenta cómo detonaron en ti la frustración, el enojo o el dolor de viejas heridas. Sin embargo, tienen razón: todo eso explica, pero no justifica esas destructivas explosiones de furia propias de un niño pequeño emberrinchado.

Pero volviendo al proceso de gestación de emociones descontroladas, ¿quién no se ha quedado callado para "llevar la fiesta en paz"? Pensamos que evitar el conflicto es igual a no hacer olas, especialmente, cuando se trata de nuestros padres. Pero, ¿qué pasa cuando ese silencio se vuelve ensordecedor? Es como estar sentado sobre un volcán que, sin previo aviso, decide despertar. Imagínate guardando todas tus quejas, cada frustración, cada pequeña irritación en una olla de presión. Cada vez que decides no decir nada, añades algo más a esa olla, que por cierto está siempre a fuego lento, hasta que un día, al no haber válvula de escape, la presión revienta la olla y la explosión sorprende a todos, incluyéndote a ti. Te encuentras diciendo cosas que no sabías que querías decir, y el daño, una vez hecho, es difícil de reparar.

Este estallido no solo causa cicatrices en nuestras relaciones, dejando a nuestros padres a veces genuinamente confundidos o heridos, sino que también empieza a corroer nuestra autoimagen. Nos vemos como personas que no pueden manejar sus emociones, y este sentimiento de fracaso personal se suma al montón de cosas que ya estábamos tratando de ocultar. La clave para evitar que este volcán interno entre en erupción, es empezar a notar esas pequeñas señales, esos momentos en los que sientes que te están empujando demasiado, cuando sientes que tus necesidades y deseos están siendo ignorados. Digamos que la idea es que pongas límites, antes de que ya no sea posible.

- **Habla antes de que el volcán despierte:** no esperes a que la presión sea demasiada. Aprende a expresar lo que sientes y necesitas de manera honesta y respetuosa. No tiene que ser un discurso preparado; solo necesitas ser claro sobre cómo te sientes y lo que esperas.
  - Si sientes que tus padres están poniendo demasiada presión sobre ti para que sigas una cierta carrera o rumbo de vida, puedes expresar tus sentimientos antes de que te sientas abrumado. Podrías decir algo como: "Mamá, papá, realmente aprecio su interés en mi futuro, pero me siento presionado. Me gustaría explorar otras opciones que vayan más de acuerdo con mis intereses personales."

- **Escribe lo que sientes**: a veces, poner tus pensamientos en papel puede ayudarte a procesarlos de manera que evites "hablar en caliente". Es una forma de desahogarte sin causar un incendio.
  - Si te resulta difícil hablar directamente con tus padres sobre un tema delicado, podrías escribirles una carta. No tendrías que entregarla si no quieres porque incluso, te puede servir como un guion para luego conversar con ellos. Por ejemplo, si te sientes herido por un comentario que hicieron, puedes escribir: "Cuando hicieron ese comentario acerca de mi forma de afrontar el problema que les conté, me sentí herido. Sé que no fue su intención, pero quería compartir mis sentimientos con ustedes para no guardarlos y que no afecte nuestra relación".

- **Respira y reflexiona:** cuando sientas que la presión está aumentando, toma un momento para respirar profundamente. Respirar realmente puede ayudarte a calmar esas olas emocionales antes de que se conviertan en un tsunami.
  - Por ejemplo, si una conversación se está poniendo intensa o te sientes abrumado, puedes pedir espacio: "Necesito un momento para procesar lo que han dicho. Les quiero pedir que hablemos de esto más tarde cuando esté más tranquilo."

- **Apóyate en alguien:** a veces, compartir tus preocupaciones con alguien fuera de la situación puede darte una perspectiva totalmente nueva. Ya sea un amigo, un familiar o incluso un terapeuta; hablar con alguien puede aligerar esa carga emocional que has estado acarreando.
  - Por ejemplo, si tus padres no aprueban a tu pareja, puedes hablar con un amigo sobre tus sentimientos y obtener una perspectiva externa. Igual hasta descubres algo que no habías visto.

Aprender a establecer límites con nuestros padres es una oportunidad para que conozcan una versión más auténtica de nosotros, y de paso, establecer las bases para que puedan respetar nuestras necesidades y emociones. Se trata de encontrar un balance, de aprender a vivir en armonía con esos pequeños temblores internos antes de que se conviertan en una erupción.

Superando la resistencia interna a poner límites

Una vez identificadas las raíces de nuestra resistencia a poner límites, el próximo paso es enfrentarlas. Este proceso requiere comprensión, valentía y acción consciente. A continuación, te presento algunas estrategias dirigidas a superar la resistencia interna.

Reforzando la autoestima y la autonomía

La autoestima sólida es el fundamento sobre el cual podemos construir relaciones saludables y establecer límites efectivos. Para reforzarla, necesitamos reconocernos como individuos separados de nuestros padres y con el mismo valor y dignidad que ellos tienen. La autonomía se cultiva tomando decisiones por sí mismos, asumiendo responsabilidades y reconociendo nuestro derecho a tener y a expresar nuestras opiniones y deseos. Entonces veamos algunas estrategias que te pueden ser de ayuda en este proceso:

Comunicación asertiva

La asertividad es clave para establecer límites saludables. Implica expresar nuestras necesidades y deseos de manera clara, directa y respetuosa; sin agresividad, pero con firmeza. Esto nos permite defender nuestros derechos sin desmerecer los derechos de los demás. Para esto te sugiero un ejercicio práctico de *role-playing* que puede ayudar a fortalecer tus músculos emocionales.

Se trata de practicar o simular situaciones en las que necesitas establecer límites con tus padres. Esto lo puedes hacer solo frente a un espejo o con un amigo de confianza. Como lo sugerí, escribir una carta a tus padres diciendo lo que quieres, pero hacerlo sin autocensura, puede ser de ayuda. Es una tarea muy efectiva que recomiendo a algunas personas dentro de su proceso de terapia. Una vez acabada, les pido que la lean en voz alta y se graben para luego escucharse. Luego de haberse escuchado, que realicen cualquier modificación que crean necesaria y repitan el proceso. Con 3 versiones máximo la carta debería quedar terminada. ¿Se les entrega? Podría ser, pero yo más bien quisiera que fuera como el ensayo o lectura de una obra de teatro. Ya en el escenario normalmente no sacas el guion en medio de la obra. Esto te ayudará a ganar confianza en tu capacidad para expresarte. Veamos una idea de cómo puedes hacer esto:

1. **Observación:** expresa en qué momento tu madre o padre traspasa tus límites. Sé específico y describe la situación sin juzgar.

   Ejemplo: "Mamá, cuando me llamas constantemente para preguntarme dónde estoy y qué estoy haciendo, siento que no respetas mi privacidad."

2. **Sentimiento:** describe cómo te sientes cuando tu madre o padre traspasa tus límites. Usa emociones como tristeza, enojo o frustración.

   Ejemplo: "Me siento incómoda y controlada cuando no me das espacio para tomar mis decisiones."

3. **Necesidad:** expresa qué necesitas de tu madre o padre para sentirte respetado y escuchado. Sé específico y realista.

   Ejemplo: "Necesito que respetes mi espacio y me permitas tomar mis decisiones, incluso si no estás de acuerdo con ellas."

4. **Petición:** haz una petición concreta a tu madre o padre para que respete tus límites. Enfócate en el futuro y en lo que quieres que haga.

Ejemplo: "Te pido que me llames solo una vez al día para saber cómo estoy y que respetes mi decisión de no compartir todos mis planes contigo."

Ya sé que una reacción clásica de algunos padres podría ser la de "entonces ya nunca te voy a llamar" o algo por el estilo, pero tú persevera: "Sí quiero que me llames, pero te pido que lo hagas una vez al día", por ejemplo.

Esta sugerencia me da pie para señalar la importancia de adaptar mis sugerencias o ejercicios a tu realidad actual. Es decir, si eres menor de edad, los límites que puedas poner serán algo distintos a si ya eres un adulto casado y con hijos. Sin embargo, eso no significa que no puedas poner ciertos límites, solo que tendrían que ser negociados de otra manera.

Recuerda:
- Mantén la calma y el respeto durante la conversación.
- No culpes ni critiques a tu madre o padre.
- Sé claro y directo en tus mensajes.
- Enfócate en la situación actual y no en el pasado.
- Sé paciente y comprensivo. Es posible que tu madre o padre necesite tiempo para adaptarse a los nuevos límites. Persevera.

Manejo de la culpa y la vergüenza

Ya lo he venido diciendo de muchas formas, pero digamos que este es un fenómeno transversal cuando se trata de la relación entre padres e hijos. Es decir, es algo que toca todas las capas de la relación y que se puede presentar de manera muy común en un proceso de individuación o emancipación del campo gravitacional de las figuras parentales. Me refiero a la culpa y la vergüenza, que son emociones comunes que pueden surgir al intentar establecer límites, especialmente, si tememos herir a nuestros padres o ser percibidos como ingratos. Es muy importante reconocer que poner límites es un acto de autocuidado y no una ofensa hacia otros, por más que eso les pueda parecer. Para lidiar con esto, te propongo el siguiente ejercicio:

Diálogo interno positivo

Cada vez que sientas culpa o vergüenza por establecer límites, redirige tu diálogo interno hacia afirmaciones que refuercen tu derecho a cuidar de ti y a establecer relaciones saludables. ¿Cómo hacer esto? Te voy a dar algunas ideas:

- De la culpa a la afirmación personal:

Piensas: "Me siento culpable por decir no a mis padres. Debo hacer lo que quieren para ser un buen hijo."

Lo transformas en: "Decir no es una forma de respetar mis necesidades y límites. Tengo derecho a cuidar de mi bienestar sin sentirme culpable."

- Del miedo al rechazo a la autoaceptación:

Piensas: "Si establezco este límite, mis padres podrían quererme menos o rechazarme."

Lo transformas en: "El amor verdadero respeta los límites y la individualidad. Establecer límites me permite ser auténtico con mis padres y conmigo."

- De la duda a la autoconfianza:

Piensas: "Quizá no tengo razón al sentirme así. Debería simplemente aceptar las cosas como son."

Lo transformas en: "Mis sentimientos y necesidades son válidos. Confío en mi juicio y tengo el derecho de expresar lo que necesito para sentirme bien."

- De la vergüenza a la autocompasión:

Piensas: "Es egoísta querer establecer límites. Debería estar disponible para mis padres siempre que me necesiten."

Lo transformas en: "Cuidar de mí no es egoísmo; es esencial. Establecer límites es una parte importante del autocuidado y me permite estar más presente y saludable en mis relaciones."

- Del temor a ser malinterpretado a la claridad en la comunicación:

Piensas: "Si pido espacio, pensarán que no los quiero o que estoy enojado con ellos."

Lo transformas en: "Pedir espacio es una manera de cuidar la relación. Puedo comunicar mis necesidades claramente, asegurándoles que los amo y valoro nuestra relación."

- De sentirse atrapado a reconocer la autonomía:

Piensas: "No tengo otra opción más que ceder a lo que mis padres quieren."

Lo transformas en: "Siempre tengo opciones. Decidir establecer límites es ejercer mi autonomía y tomar decisiones saludables para mi vida."

Cuando alguien empieza a poner límites con personas significativas, es natural sentir una buena dosis de culpa, pero eso no significa que seas culpable. Además de lo que ya te dije, para tratar de mitigar esto, busca que tus límites los puedas establecer de forma no violenta, lo cual no significa que no puedas ser firme.

Estableciendo y manteniendo límites

Establecer límites con nuestros padres puede sentirse, en muchos casos, como trazar una línea en la arena, solo para que la próxima ola la borre y nos obligue a dibujarla nuevamente o a veces hasta que se nos quiten las ganas de hacerlo. Esta analogía refleja no solo la naturaleza cambiante de nuestras relaciones, sino también el desafío constante de mantener esos límites una vez que los hemos establecido. Y esto pasa a veces porque la dificultad no está solo en trazar la línea, sino en la perseverancia para mantenerla y reafirmarla una y otra vez, especialmente, cuando enfrentamos oleadas de resistencia, ya sea a través de la culpa, la manipulación y el amor expresado de manera contraproducente. Entiendo que estar dibujando y desdibujando esos límites debe resultar agotador, frustrante y a veces hasta quita la esperanza, ¿no es así?

La perseverancia es nuestra mayor aliada en este proceso. Imaginemos por un momento que esos límites que establecemos son como las raíces de un árbol que plantamos en nuestro jardín. Al principio, son débiles y fácilmente desplazables por cualquier movimiento de tierra o tormenta que se avecine. Pero con el tiempo, si las cuidamos, regamos y protegemos, esas raíces se fortalecerán hasta convertirse en la base firme de un árbol robusto y estable. Del mismo modo, los límites que establecemos con nuestros padres requieren de ese cuidado y atención constante para fortalecerse y convertirse en una parte integral y respetada de la relación.

Pero no niego que la resistencia o negativa continua por parte de nuestros padres para respetar y aceptar nuestros límites puede ser desalentadora. Puede hacer que nos cuestionemos la validez de estos o nuestra capacidad para mantenerlos. En estos momentos, es importante recordar el porqué detrás de nuestras acciones. ¿Por qué establecimos estos límites en primer lugar? La respuesta la encontramos, sin duda, en la búsqueda de nuestro bienestar, en la necesidad de proteger nuestro espacio emocional o, simplemente, en el deseo de cultivar relaciones más saludables y equitativas. Mantener esta razón en mente actúa como el faro que nos guía a través de la niebla de dudas y resistencias.

No ceder ante la presión o la manipulación es, quizá, uno de los actos más desafiantes de autoafirmación que podemos enfrentar. Se siente como estar en la cuerda floja, donde, por un lado, nos jala el deseo de mantener la paz, y por el otro, la necesidad de respetar nuestros límites. Aquí es donde la comunicación asertiva se convierte en nuestra herramienta más valiosa. Expresar de manera clara y compasiva nuestras necesidades y límites puede ayudar a mitigar los malentendidos y reafirmar nuestra postura sin caer en el conflicto. Aunque debo decir que evitar el conflicto no depende solo de ti cuando interactúas con personas que, precisamente a través de éste, es como suelen salirse con la suya. Esto lo veremos con detalle a continuación.

La resistencia de tus padres a respetar tus límites

Muchas veces podemos suponer que si alguien no respeta nuestros límites, es porque no hemos sido suficientemente claros, firmes o persistentes. Sin embargo, ¿qué pasa si el problema no radica ahí? Si tus padres adoptan una actitud casi desafiante, donde, si no cumples con lo que se espera de ti o te atreves a cuestionar, se impone un castigo. Este puede manifestarse como un distanciamiento, la conocida "ley del hielo", chantajes emocionales relacionados con la salud (por tu culpa ya me bajó la presión), la abnegación (yo que tanto te quiero y el mal trato que me das) o la restricción y condicionamiento de apoyos económicos, sentido de pertenencia y amor.

Hace algunos años, atendí a una persona en terapia que compartió su experiencia de cómo su madre "cerraba la llave" cada vez que él la contrariaba. Según me contó, cualquier cosa que no le gustaba de su madre, la hacía "sentir mal" y contrariada. Para él, esto se traducía en un condicionamiento o incluso la retirada de diferentes elementos, dependiendo de su etapa de vida. Cuando era niño, se trataba del afecto; como adulto, del apoyo económico (sí, ella lo hizo dependiente de eso, incluso, en su vida adulta). A pesar de que esta persona, ya un adulto de 40 años, era perfectamente capaz de mantenerse por sí mismo y de establecer relaciones satisfactorias, vivía con el temor constante de ser abandonado por sus parejas (paradójicamente, él era quien abandonaba de manera recurrente) y de quedar en la pobreza de la noche a la mañana (de hecho, tomaba decisiones financieras bastante imprudentes).

Cuando hablo con personas en terapia acerca de este fenómeno, me expresan que su emoción primaria no es de enojo, sino de una profunda tristeza y decepción por no ser capaces de poner o mantener esos límites. Y aunque los padres no los traspasen a propósito, los límites deben quedar establecidos con toda claridad y hay que mantenerlos.

Cultivando la resiliencia frente a la resistencia

Cuando nos vemos confrontados con la persistente resistencia de nuestros padres a respetar nuestros límites, nos encontramos ante una situación emocionalmente compleja que puede sentirse abrumadora y, a veces, desesperanzadora. Esta resistencia no solo pone a prueba nuestra paciencia y determinación, también puede meternos en un vórtice de emociones conflictivas que van desde la tristeza y la frustración hasta la ira y la decepción. Es precisamente en estos momentos difíciles cuando se revela la necesidad de cultivar una forma de resiliencia que va más allá de la mera supervivencia.

En este caso, la resiliencia es una cualidad que nos permite no solo resistir el embate de las emociones negativas y el rechazo, sino también encontrar maneras de prosperar a pesar de estas circunstancias. Esta resiliencia frente a la resistencia se cultiva a través de prácticas diarias de autoconocimiento y autocuidado. Por ejemplo, comenzar cada día con unos minutos de reflexión sobre nuestras necesidades y objetivos puede ayudar a mantenernos centrados y claros sobre nuestros límites. Practicar la gratitud, enfocándonos en los aspectos de nuestra vida que valoramos y apreciamos, puede reforzar nuestra autoestima y nuestra determinación para proteger nuestro bienestar. Además, desarrollar un "mantra" personal que afirme nuestro derecho a establecer límites, como: "Mi paz interior es mi prioridad", y repetirlo durante momentos de duda, puede ser un recordatorio poderoso de nuestra capacidad para enfrentar y superar la resistencia. Estas pequeñas acciones, practicadas consistentemente, fortalecen nuestra resiliencia, nos empoderan y nos mantienen firmes en la defensa de nuestros límites.

Sin embargo, es inevitable reconocer que hay situaciones en las que, a pesar de todos nuestros esfuerzos, la resistencia de nuestros padres no disminuye. En estos casos, la frustración de repetidos intentos fallidos por poner límites, puede llevarnos a cuestionar nuestra estrategia y, a veces, nuestra percepción de la situación. Nos encontramos en una encrucijada donde la perseverancia en el mismo camino ya no parece ofrecer la solución deseada.

En tales momentos, puede ser necesario considerar otras medidas. Esto no significa renunciar a nuestros principios fundamentales, sino más bien adaptar nuestra aproximación para proteger nuestro bienestar emocional y físico. Estas medidas pueden incluir:

- **Limitar la interacción:** reducir la frecuencia de nuestras interacciones con aquellos cuya resistencia a nuestros límites es perjudicial para nuestro bienestar emocional.
- **Buscar espacios seguros:** crear o buscar espacios seguros donde podamos expresarnos y vivir libremente, lejos de la influencia negativa de la resistencia parental.
- **Apoyo profesional:** considerar la ayuda de un terapeuta o especialista que pueda ofrecernos estrategias específicas para manejar la situación y procesar nuestras emociones de una manera saludable.
- **Establecimiento de fronteras físicas:** en casos extremos, puede ser necesario establecer fronteras físicas más claras, lo que podría incluir tu reubicación física si la situación lo amerita o la disminución de la frecuencia y calidad de las interacciones con ellos. Insisto, esto no como un castigo, sino para protegernos y, en última instancia, como una forma de proteger el vínculo para que no siga en deterioro.

Aunque enfrentar y manejar la resistencia de nuestros padres a nuestros límites es indudablemente complejo y a menudo frustrante, es también una oportunidad para reafirmar nuestro compromiso con nosotros. En este viaje, la resiliencia profunda nos enseña que, a veces, florecer significa tener la valentía de tomar los caminos menos transitados en busca de nuestra paz y felicidad.

Manejo efectivo de límites
en situaciones desafiantes

Comprendo muy bien que de la teoría a la práctica hay un gran salto y que la relación que se tenga con los padres puede ser algo muy complejo. Porque hay los que no solo se resisten a respetar los límites, sino que parece que se empeñan en transgredirlos incluso invadir nuestro territorio emocional. Es como si ponerles límites los hiciera sentir ultrajados y arman un ataque a nuestra integridad y dignidad. Establecer y mantener límites saludables es imprescindible para tu bienestar emocional, especialmente, en relaciones que pueden ser complicadas o desafiantes. A continuación, vamos a ver estrategias específicas que puedes emplear para asegurar que tus límites sean respetados, incluso en las interacciones más difíciles.

Reconocimiento de manipulación:
- **Descripción:** identifica señales de comportamiento manipulador, que a menudo incluyen culpa, chantaje emocional o la victimización.
- **Acción sugerida:** aprende a reconocer estas tácticas y prepara respuestas firmes y claras. Por ejemplo, si alguien intenta hacerte sentir culpable por establecer un límite, puedes responder: "Entiendo que estés molesto, pero necesito hacer lo que es mejor para mi salud y bienestar." Sé firme, pero amable y persevera con el mismo mensaje.

Estrategia de comunicación asertiva:
- **Descripción:** la asertividad es clave para comunicar tus límites de manera efectiva sin ser agresivo.
- **Acción sugerida:** practica frases de acuerdo a la situación. Por ejemplo:

160

- Cuando alguien no respeta tu tiempo:

Frase sugerida: "Valoro nuestro tiempo juntos, pero también necesito asegurarme de que estoy cumpliendo con mis otros compromisos. Vamos a planificar con anticipación para asegurarnos de que ambos tengamos tiempo suficiente para prepararnos."

- Cuando alguien pide más de lo que puedes dar:

Frase sugerida: "Realmente quiero ayudarte, pero en este momento tengo que priorizar mis proyectos y salud. Hablemos de cómo puedo apoyarte dentro de mis posibilidades actuales."

- Cuando necesitas espacio en una relación:

Frase sugerida: "Me importa mucho nuestra relación y por eso creo que es importante que hablemos sobre la necesidad de espacio personal. Creo que ambos nos beneficiaremos de algo de tiempo para nosotros, para hacer las cosas que disfrutamos individualmente."

- Cuando enfrentas críticas constantes:

Frase sugerida: "Entiendo que puedes tener buenas intenciones, pero cuando haces comentarios sobre mi trabajo o decisiones personales de esa manera, me siento subestimado y estresado. Prefiero que abordemos estas conversaciones de una forma más constructiva."

- Cuando alguien intenta imponerte sus decisiones:

Frase sugerida: "Respeto tu punto de vista, pero también necesito que respetes mis decisiones. Estoy dispuesto a discutir nuestras diferencias, pero la decisión final debe ser mía en asuntos que me afectan directamente."

Uso de técnicas de "tiempo fuera" emocional:
- **Descripción:** en situaciones de alta tensión, tomar un "tiempo fuera" puede prevenir la escalada y ayudarte a mantener tus límites.
- **Acción sugerida:** si sientes que una conversación se está volviendo demasiado intensa, di algo como: "Necesito un momento para calmarme antes de continuar esta discusión."

Apoyo y validación externa:
- **Descripción:** a veces, necesitamos ayuda externa para mantener nuestros límites.
- **Acción sugerida:** considera buscar el apoyo de amigos, familiares o profesionales que puedan ofrecerte una perspectiva externa y validar tus sentimientos y decisiones.

Práctica de autorreflexión:
- **Descripción:** reflexionar sobre tus experiencias y emociones puede ayudarte a entender y a fortalecer tus límites.
- **Acción sugerida:** dedica tiempo regularmente para evaluar cómo te sientes acerca de tus interacciones y ajusta tus límites según sea necesario.

Al adoptar estas estrategias, no solo protegerás tu espacio personal y emocional, sino que también fomentarás relaciones más respetuosas y saludables. Recuerda, establecer límites es un acto de respeto hacia ti y hacia los demás, y es fundamental para una vida equilibrada y satisfactoria.

Sanar a través de los límites: el camino hacia el bienestar emocional

La vida nos enseña, con mucha frecuencia y de maneras inesperadas, que nuestros límites son el lenguaje con el que expresamos nuestro valor propio y nuestra autoestima. Cuando decimos "esto es lo que necesito" o "hasta aquí puedo llegar", estamos en realidad trazando un mapa que guía a los demás en cómo amarnos y respetarnos. Es aquí donde la sanación comienza: en el momento en que decidimos que somos dignos de ser escuchados y respetados. ¿Cómo pretendemos que otros lo hagan si no somos capaces de poner la muestra de lo que realmente queremos?

En mi propio viaje, he aprendido que los límites no solo protegen nuestro espacio emocional, también nos invitan a llenar ese espacio con amor propio y compasión. Cada límite que establecemos es una afirmación de nuestro derecho a sanar, a crecer y a elegir cómo queremos vivir.

Hace ya muchos años, siendo ya un adulto, estaba yo en casa de mi madre. Ella tenía la costumbre de regañar a mis hermanos y a mí por esto o por aquello. Claramente, todos dejábamos pasar esa actitud porque "así era mi mamá", pero la realidad es que, al menos en mi caso, nunca estuve totalmente de acuerdo con esa actitud. Y no era que fueran regaños ofensivos, pero sí eran regaños. Ese día, sentado a la mesa con todos mis hermanos y mi mamá, vino un regaño hacia mí. En ese momento, hice una pausa y le dije: "Mamá, yo te quiero mucho y disfruto venir a verte, pero con mucha frecuencia cuando vengo, me regañas por algo y no me gusta. Te voy a pedir, por favor, que no lo hagas porque para mí es muy importante visitarte y no quisiera tener que espaciar mis visitas por esta causa". Se hizo un silencio sepulcral en la mesa. Mis hermanos me miraron con los

*ojos bien abiertos, luego a mi madre, esperando su reacción,
y entonces mi madre respondió: "Sí, está bien". A partir de
ese día, nunca me volvió a regañar (bueno, al menos a mí).*

Quizá lo más hermoso de este proceso es la libertad que
viene con la sanación. Libertad de viejos patrones que nos
mantenían atrapados, libertad para ser auténticos y libertad
para amar de manera más abierta y sin miedo. Esta es la
verdadera magia de los límites saludables: nos liberan para
vivir una vida llena de amor, respeto y verdadera conexión.

Cuando nada parece funcionar

Lamentablemente, no siempre tenemos éxito en hacer respetar nuestros límites y entonces tenemos que tomar una decisión. Pensemos que ya has intentado hablar con ellos, establecer límites, incluso, tomar cierta distancia para ver si algo
mejoraba; pero nada parece funcionar. La relación con tus
padres te sigue afectando, agotándote emocionalmente. No
puedes quedarte de brazos cruzados mientras tu bienestar
mental está en juego. Ha llegado el momento de considerar
medidas más contundentes.

Pero estas decisiones tampoco son fáciles. Modificarán
la relación con tus padres y te harán sentir una mezcla de
emociones difíciles de procesar. Sin embargo, son un paso
necesario para protegerte, para recuperar tu espacio y tu paz
mental si de verdad nada ha funcionado. Pero surge una pregunta: ¿Cómo sé que realmente no ha funcionado nada o es
que me estoy dando por vencido o simplemente no sé cómo
hablarles?

¿Es hora de tomar otras acciones?

No tener claro si ya has intentado todo lo razonable o te
ha faltado algo por hacer es una pendiente resbaladiza. Y

lo digo porque es muy fácil seguir intentando de una y otra manera sin obtener resultados, pero aun así tener la sensación de que falta algo por hacer. Entonces responder a esta pregunta no es sencillo, ya que depende de muchos factores, como la gravedad de la situación, tu personalidad, la dinámica familiar y tu relación con tus padres.

Sin embargo, hay algunas señales que pueden indicar que has hecho todo lo posible:

- Has intentado hablar con ellos en diferentes ocasiones y de diferentes maneras, pero no te escuchan o no hay cambios.
- Has establecido límites claros y específicos, pero no los respetan, incluso si te dicen que sí lo harán.
- Cuando hablas con ellos no solo no se ofrecen a cambiar, sino que te desafían o tratan de humillarte o manipularte de cualquier manera (por ejemplo, dejándote de hablar o asumiendo el papel de "víctimas").
- Has buscado ayuda profesional, pero la situación no cambia.
- Te sientes emocionalmente desgastado, culpable, ansioso o deprimido después de interactuar con ellos.
- Tu salud mental y física se está deteriorando debido a la relación con tus padres.

Si te identificas con estas señales, es probable que hayas hecho todo lo posible. De ser así, es muy factible que tú no seas el único responsable por no cambiar la situación. En esos casos lo mejor que puedes hacer por ti, es alejarte o reducir el contacto. Por otro lado, si tienes dudas sobre si te has esforzado lo suficiente, puedes hacerte algunas preguntas:

- ¿He sido claro y firme al comunicar mis límites?
- ¿He sido consistente en la aplicación de las consecuencias?

- ¿He buscado diferentes tipos de ayuda profesional?
- ¿He considerado todas las opciones razonables disponibles, como la terapia familiar o la mediación?

Si respondes "no" a alguna de estas preguntas, es posible que aún haya algo que puedas hacer, pero confía en tu intuición. Tú sabes lo que has hecho, lo que es posible hacer, dadas las circunstancias, y lo que estás dispuesto a hacer. No te dejes presionar por nadie. Lo más importante es tu bienestar mental y emocional.

Ahora sí, veamos algunas posibilidades que a veces se vuelve necesario implementar en caso de que todo hasta aquí haya fallado:

- **Reducir significativamente el contacto.** Puedes elegir verlos o hablar con ellos con menor frecuencia. Si decides seguir en comunicación, haz que esas interacciones sean más breves y sobre temas neutrales. Priorizar tu bienestar es esencial, y eso significa controlar cuánto y cómo te comunicas con ellos.
- **Delimitar claramente cómo quieres comunicarte.** Decide cuáles son tus canales preferidos: mensajes de texto, correo electrónico, etcétera. Y también determina con firmeza de qué estás dispuesto a hablar y de qué no. Recuerda, una comunicación clara, directa y respetuosa puede ayudarte a poner límites y sentirte menos vulnerable en estos intercambios.
- **Definir reglas y sus consecuencias.** Explica a tus padres, de forma clara y comprensible, cuáles son las reglas básicas de su relación contigo: lo que te molesta, lo que no estás dispuesto a tolerar. Y no tengas miedo de expresarles las consecuencias que tendrá el no respetarlas. Cumplir con lo que has anunciado es una forma de reforzar tus límites y hacerte respetar.

- **Pedir ayuda profesional.** Un terapeuta puede ayudarte a entender por qué estas dinámicas te afectan tanto y a manejar tus emociones. También pueden brindarte estrategias para fortalecer tu autoestima y establecer límites sanos. Considera, incluso, la posibilidad de una terapia familiar donde un profesional actúe como mediador para intentar mejorar la comunicación. Claro, siempre que ellos estén dispuestos.
- **Alejamiento como última opción.** Si después de intentar todo lo demás, la situación sigue afectándote gravemente, considerar el distanciamiento puede ser una alternativa necesaria. Es cierto que en nuestra cultura existe el mito de la familia perfecta y la obligación de soportarlo todo por ser padres o hijos. Sin embargo, la calidad de las relaciones, no el parentesco, debe ser la base de nuestras decisiones.

No te dejes llevar por la impulsividad en un momento de frustración. Esta decisión tiene implicaciones importantes que debes considerar cuidadosamente. Por ejemplo, tu futuro lugar de residencia, tu relación con otros miembros de la familia, incluso el juicio social. Prepárate emocionalmente para afrontar las emociones complejas que este proceso puede despertar en ti. Recuerda que tu bienestar mental y emocional es lo más importante. Es posible que tus padres en un extremo decidan renunciar a la relación contigo antes de dar "su brazo a torcer", pero tú nunca deberías renunciar a ti por ganar lo que sea que de ellos obtengas. No debe ser grato vivir "con el brazo torcido".

Este camino no es sencillo, pero es uno que vale la pena. Tienes derecho a una vida sana y a establecer límites con tus padres. Mereces ser escuchado y respetado; no estás obligado a permanecer en una relación que te hace daño.

¿Qué vimos en este capítulo?

Los límites son esas líneas invisibles que, más que separarnos de otros, nos definen y nos unen en un espacio de respeto y comprensión mutua.

El arte de establecer límites va más allá de simples reglas; es un acto de amor propio y de consideración hacia los demás. Al igual que en la naturaleza, donde cada célula mantiene su identidad a través de sus membranas, nosotros también necesitamos fronteras para interactuar sanamente con el mundo.

En el proceso, a veces nos topamos con distintos retos: la resistencia, tanto interna como externa, el temor a la pérdida o el miedo al conflicto. Sin embargo, hay formas de afrontar estos desafíos porque hacerlo es parte esencial de nuestro crecimiento y desarrollo personal.

Hay un delicado equilibrio entre establecer límites y ejercer control. Aprender esto, nos permite distinguir uno del otro para construir relaciones basadas en la igualdad y el respeto, no en el dominio o la sumisión.

Dejar las relaciones sin límites o no hacerlos respetar, tiene consecuencias que van desde el agotamiento hasta el resentimiento. Estos vacíos pueden erosionar nuestro sentido del yo y nuestras conexiones con los demás.

Hay una conexión entre los límites y nuestra sanación personal. Cada límite que trazamos es una afirmación de nuestra valía, un paso hacia una existencia más libre y plena, tanto para nosotros como para aquellos a quienes amamos.

Ejercicio sugerido para este capítulo

"Mantener límites en situaciones difíciles"

Objetivo: este ejercicio tiene como objetivo fortalecer tu habilidad para mantener límites claros y firmes, incluyendo las circunstancias más desafiantes. Aunque ya lo hablamos en distintos momentos del capítulo, este ejercicio te ayudará a practicar lo aprendido en situaciones donde te sientas presionado a ceder ante las demandas de los demás.

Pasos:

- Identificación de situaciones difíciles
  - Reflexiona sobre tres situaciones recientes en las que te fue difícil mantener tus límites con tus padres. Describe cada situación, incluyendo cómo te sentiste y qué te hubiera gustado comunicar de manera diferente.

- Análisis y preparación
  - Cuando prepares tu respuesta asertiva, comienza por reconocer cualquier preocupación válida que la otra parte pueda tener, luego expresa claramente tu necesidad o límite, y concluye ofreciendo una alternativa o compromiso si es apropiado.

> Por ejemplo: "Entiendo que te preocupes por mi horario de trabajo, pero necesito tener mis tardes libres para descansar. ¿Podemos acordar que solo en casos de urgencia me llamarás fuera de mi horario laboral?"

- Para cada situación, realiza lo siguiente:
  Detalla la situación y tus sentimientos asociados.

> Ejemplo: tus padres constantemente critican a tu pareja y cuestionan tu elección, a pesar de que tú estás feliz en ella.

- Identifica las emociones que sentiste. Eso te ayudará a comprender tus reacciones.

> Ejemplo: te sientes frustrado y herido porque sientes que tus decisiones personales no son respetadas.

- Basándote en tus reflexiones, prepara una respuesta asertiva que expresaría tus límites de manera clara y respetuosa.

> Ejemplo: "Mamá, papá, entiendo que tienen sus preocupaciones, pero estoy feliz con mi pareja. Quiero pedirles que respeten mi elección y traten a mi pareja con amabilidad y respeto."

- **Role-Playing**
  - Practica con un amigo que actúe como tus padres en una situación donde típicamente te sentirías presionado. Revisa tus respuestas y ajusta según sea necesario para sentirte más seguro durante la interacción real.
  - Si no encuentras a alguien con quien practicar o no te sientes cómodo con eso, una excelente alternativa es el diálogo interno o el ensayo mental. Imagina la situación y visualízate expresando tus límites de manera asertiva. También puedes practicar frente a un espejo, lo cual te permite observar tu lenguaje corporal y trabajar en proyectar confianza mientras comunicas tus límites.

- **Reflexión y ajustes**
  - Reflexiona sobre la práctica, ya sea mental o frente al espejo, y considera:
1. ¿Cómo te sentiste al expresar tus límites?
2. ¿Qué podrías mejorar para la próxima vez?

3. Realiza los ajustes necesarios en tus respuestas para que se sientan más auténticas.

- **Compromiso con la aplicación real**
  - Practica cinco minutos de respiración profunda antes de discutir tus límites con tus padres. Imagina exhalando la tensión e inhalando confianza en cada respiración.
  - Comprométete a usar al menos una respuesta asertiva la próxima vez que sientas que tus padres están cruzando tus límites. Anota la situación y tus reflexiones en un diario, esto te ayudará a ver tu progreso y ajustar tus técnicas.

- **Reflexiones finales post interacción**
  - Después de establecer un límite, evalúa cómo te sentiste y cómo respondieron tus padres. ¿Se sintió respetada tu petición? ¿Hay algo que podrías mejorar para la próxima vez?

Este ejercicio está diseñado para empoderarte, dándote herramientas y confianza para defender tus límites con tus padres. Recuerda que establecer y mantener límites saludables es indispensable para tu bienestar y para desarrollar una relación respetuosa y equitativa con ellos. Pero puede no ser sencillo y es probable que recaigas en viejos patrones de sumisión o explosividad. La práctica y la reflexión constantes son clave en tu proceso de crecimiento personal.

6. PADRES NUESTROS QUE ESTÁN EN LA MEMORIA

*"He pasado toda mi vida tratando de superar
el haber tenido a Nikki como madre,
y tengo que decir que
desde el primer día después de su muerte,
me gustó mucho más tener una madre muerta,
que tener una imposible."*
ANNE LAMOTT, escritora

Sanar la relación con padres ausentes o fallecidos

La historia de nuestra vida está entretejida por los hilos de la presencia y la ausencia de nuestros padres. Padres que, por distintas circunstancias, ya no están o nunca estuvieron, dejan un espacio de aparente silencio, pero de muchas voces que se hacen preguntas y hasta el eco de lo que dijeron o pudieron haber dicho. Este vacío, marcado por la ausencia física, emocional o por la partida definitiva a través de la muerte, tiene un peso, a veces aplastante, como si fuera una especie de troquel personal que nos moldea de maneras inesperadas.

"Padres nuestros que están en la memoria" no es solo el eco de un recuerdo; es un reconocimiento de la influencia permanente, reconocida o no, que estas personas y personajes ejercen en nuestras vidas. La falta de un padre o una madre puede sentirse como un vacío que resuena en el alma, como una especie de orfandad y una pregunta constante sobre cómo su ausencia nos forma, nos define y nos reta a crecer.

173

Pero quiero que exploremos la ausencia no solo por el dolor que puede generar, sino también por el potencial de cambio y crecimiento que puede desbloquear al enfrentarla. Aquí, entendemos que sanar no se trata de llegar a un destino donde el dolor ya no existe, sino de seguir viviendo a pesar de esa ausencia y ese dolor.

Y aunque siempre será importante recordar que cada uno vive este proceso de manera única, en este capítulo considero que es especialmente necesario recalcarlo. Algunos hallarán en la ausencia una invitación a reconectar con lo que fue, buscando sanar heridas pasadas. Otros descubrirán que protegerse puede significar aceptar la distancia, aprendiendo que hay veces en las que el mayor acto de amor propio es reconocer cuándo alejarse.

Vamos juntos a entender cómo, incluso en la ausencia, podemos encontrar caminos hacia una mayor comprensión de nosotros, hacia una autonomía emocional más profunda, la reparación y la paz interior.

La ausencia en sus diversas formas

La ausencia de un padre o una madre se presenta de formas que van más allá de la simple distancia física o emocional; es la presencia de una ausencia que nos define, nos reta y, en última instancia, nos transforma. Vamos a mirar cada una de las posibilidades más comunes en que esto se presenta para entender y ubicarnos en un espacio de comprensión y entendimiento antes de seguir avanzando. Vamos a ir transitando en este capítulo por la ausencia física, que es cuando los padres se marcharon o nunca estuvieron, y la ausencia emocional, que es cuando los padres sí estuvieron, pero nunca conectaron. Y la ausencia por muerte, la que no rompe el vínculo, pero sí marca un espacio de profundo vacío que no resulta sencillo llenar.

Ausencia física: cuando los padres se marcharon o nunca estuvieron

La ausencia física de un padre puede dejar un vacío profundo. No siempre es la muerte la que nos aparta de aquellos con los que se supone deberíamos haber convivido. Para muchos, hay sillas vacías en la mesa del domingo, llamadas que no se hacen, cuidado y cariño que no se da y no se recibe. La ausencia física duele porque está llena de momentos que nunca sucedieron, de palabras que quedaron por decir y de muchas preguntas sin respuesta.

Cuando la muerte es la mediadora de la ausencia, se entiende de otra manera y de eso ya hablaremos. Pero cuando esa ruptura del contacto se debe a causas distintas, esto con frecuencia nos lleva a un territorio de emociones contradictorias. Cuando estamos un tanto al margen de estas historias, incluso estando dentro de este espacio emocional, es fácil caer en la simplificación, etiquetando a los ausentes bajo términos cargados de juicio o repudio social como el de "irresponsables". Sin embargo, detrás de cada historia de "abandono" hay capas de complejidad que merecen ser exploradas y comprendidas.

Es cierto que, en algunas circunstancias, la decisión de un padre o una madre de distanciarse puede ser vista como un acto de irresponsabilidad, especialmente cuando se deja un vacío de afecto, seguridad y orientación. Pero sabiendo que esto tiene una gran dosis de verdad, también sabemos de sobra que la vida, con su intrínseca complejidad, suele tejer historias más complicadas que lo que las etiquetas pueden contener. Hay padres que luchan contra sus demonios internos, contra historias personales de dolor y trauma que les impiden estar presente como desearían o se esperaría de ellos. Hay madres que, enfrentadas a circunstancias abrumadoras, toman la difícil decisión de alejarse, creyendo, en el fondo de sus corazones, que es lo mejor para sus hijos. Intentar entender estas historias no es justificar el dolor que la ausencia ha causado. Más bien, es un esfuerzo por reconocer la humanidad en todas sus formas, incluyendo sus fallos y sus luchas. Al abrirnos a la posibilidad de que hay contextos y dilemas profundamente humanos detrás de la ausencia, podemos comenzar a ver a nuestros padres ausentes no solo como figuras de abandono, sino como seres humanos completos, con heridas y limitaciones.

Y es claro que esta apertura hacia la empatía no elimina el dolor ni la necesidad de sanar, pero ofrece un camino hacia una comprensión más matizada de nuestras historias familiares, permitiendo tocar nuestras heridas con un corazón más abierto. Reconocer las complejidades de la ausencia nos ayuda a liberarnos de la carga del resentimiento, abriendo espacio para una sanación más profunda que reconoce la plenitud de nuestra experiencia humana.

Entender realmente por qué a veces los padres no están allí para nosotros abarca mucho más que simplemente darse cuenta de que están ausentes. El camino hacia la curación empieza cuando nos permitimos sentir esa falta, aceptándola tal cual es, y cuando intentamos ponernos en los zapatos de nuestros padres, sabiendo que hay razones, a veces inexplicables, detrás de sus decisiones. Busquemos cómo abrazar estos pasos, no solo para encontrar cierta paz con nuestro pasado, sino también para construir un camino hacia adelante para cada uno de nosotros.

- **El eco de las voces ausentes:** las voces de nuestros padres ausentes, ya sean recordadas, imaginadas o incluso contadas por otros, se convierten en narradores internos que influyen en cómo nos vemos y al mundo que nos rodea. Esta voz interiorizada puede estar cargada de mensajes implícitos de rechazo y desamor, especialmente, cuando interpretamos su ausencia como una elección deliberada en contra de nuestra presencia en sus vidas. Para algunos, la ausencia de un padre es un silencio que grita. Sin haber escuchado nunca su voz o sin recordar si se escuchó, se crea una narrativa interna que suele inclinarse hacia la explicación más dolorosa: el desamor. Esta conclusión, aunque aparentemente lógica a la luz de su ausencia, carga a muchos con el peso de una duda corrosiva sobre su valor, capacidad o derecho a ser amados.

En otras ocasiones, los raros o esporádicos encuentros con estos padres ausentes, lejos de sanar viejas heridas, a veces terminan por profundizarlas. Las interacciones pueden ser marcadas por la incomodidad, el rechazo o la indiferencia; reafirmando la sensación de que la ausencia no fue un capricho del destino, sino una elección, consciente o inconsciente, de mantenerse alejados. Estos encuentros dejan una huella, una confirmación amarga de los temores internos alimentados por años de silencio.

Frente a este eco de voces ausentes, la tarea de reconstruir nuestra autoestima y nuestra narrativa personal se convierte en un desafío esencial. Es un proceso de desentrañar las historias que nos hemos contado, de cuestionar las verdades que hemos asumido sin cuestionar y de buscar dentro de nosotros, las bases de un amor propio incondicional. Este proceso implica aprender a distinguir entre las voces heredadas y las voces auténticas que deseamos cultivar. Significa reconocer que la ausencia de un padre, por más dolorosa y definitoria que haya sido, no es un reflejo de nuestro valor como personas. Es, en última instancia, una parte de nuestra historia, pero no el capítulo final.

Es aquí entonces que podemos reconocer que el grito: *¡Ya déjame en paz, mamá!* (*y tú también, papá*), resuena en realidad como un llamado hacia ellos, digamos que es una especie de clamor, como cuando en nuestra cabeza rondan preguntas sin respuesta y voces creadas por la confusión, la tristeza, el enojo o el anhelo. "Ya déjame", puede ser interpretado como "Mírame". Porque si realmente fuera indiferencia lo que existe, no habría necesidad ni siquiera de marcar esos límites, ¿no es así?

- **Decidir buscar la verdad, un camino hacia la comprensión:** para muchos de nosotros, la figura del padre o madre ausente se convierte en un enigma, una colección de preguntas sin respuesta que resuena a través de nuestras vidas. La decisión de buscar a estos padres para entender su versión de la historia es profundamente personal y viene cargada de esperanza, temor y, a veces, el riesgo de nuevos desencuentros. Veamos algunos aspectos a tomar en cuenta si se desea ir en busca de esas voces.

  - Evaluar el deseo de conocer
  El primer paso es evaluar sinceramente de dónde viene este deseo de buscar y qué esperamos encontrar en este encuentro. ¿Es una búsqueda de encuentro, de cierre, de comprensión, de perdón? Reconocer nuestras motivaciones nos puede ayudar a prepararnos emocionalmente para los posibles resultados de este intento, sean de reconciliación, indiferencia o incluso rechazo.

  - Prepararse para todas las respuestas
  Es muy importante entrar en este proceso con la mente abierta, preparados para la posibilidad de que las respuestas que encontremos no llenen los vacíos de la manera que esperamos. A veces, el en-

cuentro con nuestros padres ausentes puede abrir más preguntas o revelar verdades difíciles de aceptar. Prepararse para este espectro de posibilidades es un acto de fortaleza y autocuidado. En estos casos, yo suelo decirles a mis pacientes que se preparen con una "bolsa de aire emocional". Esto en analogía a las bolsas de aire que tienen los autos y que se activan cuando estos se estrellan, para mitigar los daños a los pasajeros o incluso, salvar su vida.

- Considerar el impacto de los desencuentros previos

Para aquellos que han enfrentado desencuentros en intentos previos de conexión, la decisión de volver a intentarlo lleva consigo el peso de experiencias pasadas. Es importante reflexionar sobre lo que ha cambiado desde entonces, tanto en nosotros como en lo que sabemos o creemos sobre nuestros padres. ¿Hay nuevos motivos para creer que este intento podría llevar a un desenlace diferente o estamos buscando respuestas que quizá nunca encontremos?

- Crear un espacio de seguridad emocional

Antes de tomar cualquier paso hacia el reencuentro, es vital asegurarnos de que contamos con una red de apoyo emocional, ya sea en amigos, familiares o profesionales que puedan ofrecernos perspectiva y consuelo, independientemente del resultado. Este espacio de seguridad es como un ancla, recordándonos que nuestro valor y nuestra capacidad de ser amados no dependen de las respuestas que podamos o no recibir.

- La decisión de buscar (o de no hacerlo)

Finalmente, decidir buscar a un padre o madre ausente es una elección que solo nosotros podemos hacer, y es una decisión que merece respeto, sea cual sea. Si elegimos buscar, lo hacemos con la esperanza de encontrar alguna forma de paz o entendimiento. Si elegimos no hacerlo, también es una decisión válida, una afirmación de que podemos construir nuestras vidas y encontrar sentido y conexión sin esas respuestas. No pocas veces esta decisión se ve contaminada por las voces de otros que, estando directa o indirectamente involucrados, parece que nos dictan cómo deberíamos sentirnos. Voces que pueden decir "busca", "perdona" o "no busques", "nunca perdones".

Justo esto último abre paso a una cuestión que también tiene una gran influencia en nuestro sentir y decisiones al respecto: la influencia de terceras personas.

Las voces de los otros: un reto entre el apoyo y el juicio: en la vivencia, comprensión y reconciliación con la historia de nuestros padres ausentes no estamos solos; nos rodean voces de familiares, amigos y conocidos; cada una con sus perspectivas y experiencias. Estas voces pueden ser una fuente de apoyo invaluable, pero también pueden complicar nuestros sentimientos hacia nuestros padres, especialmente cuando están cargadas de juicios y críticas.

Por un lado, el apoyo de terceros puede fortalecernos, ofreciéndonos consuelo y comprensión en momentos de duda. Sin embargo, cuando este apoyo se traduce en ataques hacia el padre o madre ausente, basados en sus propias historias o juicios, puede enturbiar nuestra percepción y emociones, alejándonos de una comprensión más matizada y personal de la situación.

Es muy importante recordar que las narrativas que otros construyen sobre nuestros padres ausentes están filtradas por sus experiencias, prejuicios, incluso proyecciones y transferencias personales. Aunque bienintencionadas en su mayoría, estas historias pueden influir en cómo nos sentimos, inyectando en nosotros ira, resentimiento o culpa que, quizá, no resonaría con nuestra experiencia personal si tuviéramos otro tipo de influencia.

Proteger entonces nuestro proceso interno significa reconocer y agradecer el apoyo de aquellos que nos rodean, mientras mantenemos una distancia crítica de las historias y juicios que nos impiden ver a nuestros padres como seres complejos y multifacéticos. Esto puede requerir establecer límites claros en nuestras conversaciones, eligiendo qué compartir y qué mantener en la esfera privada de nuestro proceso personal. Parte de nuestro camino hacia la sanación implica forjar nuestra perspectiva sobre la ausencia de nuestros padres, una perspectiva que pueda incluir, pero no estar limitada por las voces de terceros. Esto puede significar buscar activamente nuestras respuestas, ya sea a través del diálogo directo con nuestros padres (cuando sea posible y saludable) o mediante la reflexión personal y, si es necesario, con apoyo terapéutico.

Finalmente, cada uno de nosotros debe elegir conscientemente a quiénes permitimos influir en nuestro proceso de sanación. Buscar el apoyo de personas que nos animen a explorar nuestros sentimientos y pensamientos de manera abierta y constructiva, sin imponer sus propias narrativas, es esencial para avanzar hacia una comprensión y reconciliación más profundas con nuestro pasado y con nosotros.

Confrontando el eco de las voces ausentes y recolocando nuestra historia: la herencia emocional de la ausencia paterna o materna nos enfrenta a un coro interno de voces que pueden oscilar entre el reproche, el anhelo y, en ocasiones, la idealización. La tarea de sanar no solo implica escuchar estas voces, sino también aprender a dialogar con ellas, reconociendo su origen y transformando su impacto en nuestra vida. Veamos un posible camino.

- **Diálogo con las voces:** el primer paso en el manejo de estas voces internas es reconocerlas y nombrarlas. Esto implica un ejercicio de introspección para identificar los mensajes específicos que hemos internalizado sobre nosotros a raíz de la ausencia parental. ¿Son voces de desvalorización, de abandono, de no ser dignos de amor? ¿Es el resentimiento, el deseo de venganza o el odio lo que predomina? Al identificar estas voces, comenzamos el diálogo reconociendo que son ecos de un pasado que ya no tiene por qué definir nuestro presente ni nuestro futuro. Finalmente, son diálogos construidos en nuestra mente sobre la base de nuestro sentir y, entonces, siempre es posible cuestionarlos o reconstruirlos de otra manera.

- **Cuestionar y replantear:** una vez identificadas, es esencial cuestionar la validez de estas voces. ¿Reflejan realmente nuestra realidad y nuestro valor como personas, o son más bien reflejos de las circunstancias y limitaciones de nuestros padres ausentes? Este cuestionamiento abre la puerta a replantear nuestras historias personales, permitiéndonos reescribir los guiones internos basados en nuestra verdad y experiencia.

- **Crear nuevas narrativas:** una parte esencial del proceso de sanación es la creación activa de nuevas narrativas sobre nosotros. Estas narrativas deben ser más compasivas, empoderadoras y auténticas. Este proceso puede incluir prácticas como la afirmación positiva, la visualización, el arte y la escritura, que sirven como medios para expresar y consolidar estos nuevos relatos personales. Además, si se considera necesario, oportuno y conveniente, es posible reconstruir las figuras de nuestros padres. En capítulos anteriores, vimos que si nuestros padres se comportaron de cierta manera, fue debido a las limitaciones de los actores que los representaron (las personas). Por eso, la reconstrucción a la que me refiero aquí es la del padre y la madre que llevamos dentro de nosotros.

- **Recolocar a nuestros padres y a nosotros:** recolocar a nuestros padres en nuestra historia personal requiere una aceptación de su humanidad, con todas sus fallas y limitaciones. No se trata de excusar comportamientos dañinos o de negar el dolor que sus acciones o ausencias han causado, sino de entenderlos dentro del contexto más amplio de sus vidas, luchas, incluso sus infancias. Esta comprensión puede ayudarnos a encontrar un lugar para ellos en nuestra historia que no ocupe el centro de nuestra identidad o nuestro valor como personas.
- Para nosotros, recolocarnos implica tomar una posición activa en nuestra narrativa personal, una en la que somos los autores de nuestras vidas, no víctimas de las circunstancias. Significa reconocer que, mientras la ausencia de nuestros padres es una parte de nuestra historia, no es la totalidad de ella. Somos mucho más que esa ausencia, y nuestra capacidad para amar, crecer y encontrar significado no está limitada por ella.

- **Buscar apoyo:** el proceso de dialogar con las voces internas, cuestionarlas, crear nuevas narrativas y recolocar nuestras historias personales es un viaje que puede ser complejo y muy desafiante. Encontrar el apoyo de amigos comprensivos, de familiares realmente empáticos o de profesionales, puede proporcionar la validación, la perspectiva y los recursos necesarios para avanzar en este camino.

Hacia la sanación y la autonomía: la ausencia física de un padre puede dejarnos con un sinfín de "qué hubiera pasado si» y muchos «por qué" sin respuesta. Este vacío puede sentirse aún más profundo en momentos clave de nuestra vida, donde su presencia se echa de menos de forma más notoria. El primer paso hacia la sanación es reconocer esta ausencia no solo como una pérdida física sino también emocional y permitirnos sentir plenamente el impacto que ha tenido en nosotros. Este reconocimiento es fundamental, pues nos permite comenzar el proceso de aceptación. No te puedes sobar lo que todavía no duele, ¿no es así?

La aceptación no implica estar de acuerdo con la situación o considerarla justa; significa entender que es una parte de nuestra historia que no podemos cambiar. Pero sí podemos cambiar la manera en que interactuamos con esa historia. Esto puede incluir:

- **Reflexión personal:** tomarte un momento para reflexionar sobre cómo la ausencia de tu padre o madre ha moldeado tu vida. ¿Qué has aprendido sobre ti, sobre la resiliencia y sobre la independencia?
- **Expresión de sentimientos:** permitirte expresar los sentimientos que surgen de esta reflexión, ya sea a

través de la escritura, el arte o hablando con alguien de confianza.

- **Empatía y comprensión:** desarrollar empatía hacia las circunstancias que llevaron a tu padre o madre a estar ausente puede ser todo un desafío, especialmente si sientes que esa ausencia te ha causado dolor. Sin embargo, tratar de entender no necesariamente desde un lugar de acuerdo, sino desde un intento de comprender la complejidad humana, puede ser liberador. Esto no es negar el dolor que la ausencia ha causado, sino reconocer que todos cargamos con nuestras heridas, decisiones difíciles y, a veces, errores irreversibles. Para fomentar esta empatía, puedes:

  - **Intentar conocer su historia:** a veces, conocer más sobre la vida de tu padre antes de tu nacimiento o las circunstancias que rodearon su ausencia puede arrojar nueva luz. Esto puede ser a través de conversaciones con otros familiares o incluso con él mismo, si eso es posible.
  - **Ejercicio de perspectiva:** imagina por un momento cómo hubiera sido vivir su vida, enfrentarse a sus retos y tomar sus decisiones. Este ejercicio no justifica el dolor causado, pero puede abrir un espacio para la comprensión y, eventualmente, el perdón. Aun si no conoces nada de su vida, podemos imaginar que una persona que actúa de forma contraria a su deber o a lo que se espera de él, debe hacerlo por alguna razón profunda que, generalmente, tiene que ver con su crianza.

Al trabajar hacia la aceptación y la empatía, no solo estás sanando la relación con la figura de tu padre o madre ausente (recuerda que esto no es necesariamente con la persona que desempeñó o debió haber desempeñado ese rol); también estás fortaleciendo tu relación contigo, aprendiendo a transitar por tu vida de una forma menos dolorosa y construyendo un camino hacia la paz interior y la resiliencia.

La sanación llega cuando aprendes a llenar los espacios que la ausencia dejó, no con ecos de dolor y rechazo, sino con voces de amor, aceptación y fortaleza que elegimos producir para nosotros de forma intencionada. Pero no creas que esto se trata de inventar historias o narrativas fantasiosas de lo que pudo ser, sino de reconocer que, aun sabiendo lo que pasó, nunca podremos saber exactamente por qué pasó así y no de otra manera. Reconociendo esto, nos damos cuenta de que nuestro valor no está condicionado por la presencia o ausencia de alguien, sino por las posibilidades que somos capaces de encontrar y fomentar dentro de nosotros.

La tarea no es sencilla y puede requerir tiempo, paciencia y, no pocas veces, el apoyo de otros que pueden ayudarnos a ver y a creer en nuestro valor inherente. Pero cada paso tomado en este sentido no solo es un acto de sanación personal, sino también un acto de creación: la creación de un yo más fuerte, más compasivo y más completo.

Entonces todo comienza con la aceptación de que nuestras vidas están tejidas con hilos de presencia y ausencia. Es al aceptar la complejidad de la ausencia paterna o materna, que nos damos permiso para sanar no solo como hijos e hijas, sino también como individuos completos que pueden encontrar significado, amor y propósito más allá de las sombras del pasado. En este proceso, podemos descubrir que, incluso en la ausencia, hay lecciones de resiliencia, compasión y humanidad que nos guían en la vida.

Ausencia emocional: cuando están, pero no conectan

La ausencia emocional ocurre cuando los padres, aunque físicamente presentes, fallan en conectarse emocionalmente con sus hijos. A veces, el padre o la madre estando no sabe estar, nos enseña una lección dolorosa sobre el amor y la atención, representada por la voz de aliento que no resuena en nuestros logros, el abrazo que no encontramos en nuestras noches más oscuras o el consuelo que se esfuma justo cuando más lo necesitamos. Esta ausencia emocional nos empuja a buscar esa conexión y entendimiento en otros brazos o en otros oídos dispuestos a escucharnos. Con suerte la encontraremos, pero a veces, como ya veremos, a un precio muy alto.

¿Por qué hay padres emocionalmente ausentes?

No hay una única razón, sino un entramado de circunstancias, elecciones y heridas no cicatrizadas. Muchos padres llevan las sombras de su infancia, donde el cariño era un lenguaje ininteligible y las emociones un territorio imposible. Sin tener modelos de cómo nutrir el alma, se repiten sin querer los patrones aprendidos, dejando a sus propios hijos anhelando las palabras de amor y los gestos de ternura que ellos nunca recibieron.

Otros se ven atrapados en la marea alta del estrés diario, con la presión de trabajar, de pagar cuentas, de simplemente sobrevivir, consumiendo cada gramo de su energía emocional. Hay otros que viven en una relación de pareja cargada de conflicto en donde, indebidamente, canalizan su frustración de maneras poco adaptativas, lo que los lleva a desconectarse emocionalmente hasta de sus propios hijos. Incluso, tal vez algunos sí quisieran conectar, de verdad que sí; pero entre sus responsabilidades, conflictos y preocupaciones, se pierden los momentos pequeños, pero significativos de conexión.

Y luego, están aquellos que luchan contra sus demonios internos: depresión, ansiedad, adicciones. Estas batallas personales levantan barreras invisibles, pero palpables entre ellos y sus hijos. Amar se vuelve una tarea secundaria cuando uno está luchando por respirar bajo el peso de su propia existencia. Incluso, en este sentido, puede haber algunos que quisieron tener hijos por diversas razones: para cumplir con un hito social, para intentar solidificar una relación de pareja o simplemente porque sentían el deseo o creían que había "llegado el momento". Siendo así, quizá nunca se ocuparon de desarrollar las competencias parentales necesarias o cuestionar su estado mental o emocional.

¿Hay casos donde es el puro egoísmo la causa principal de esa ausencia emocional? Seguramente sí, pero, como ya dije, todo esto es un complejo entramado en el que cuesta rastrear el primer hilo o el hilo conductor. Y aquí cabe una pregunta, ¿conociendo puntualmente las causas de ese distanciamiento emocional cambiaría tu sentir? Es decir, ¿creer que fue por egoísmo o producto de sus heridas, te haría ver a ese padre o madre de manera distinta y haría que tus heridas dolieran menos? Probablemente sí.

Entender la raíz de la ausencia emocional no es excusarla; es intentar mirar más allá del dolor que causa. Es ver a los padres no solo como figuras de autoridad o fuentes de afecto, sino como seres humanos completos, con sus historias de dolor y anhelo.

El impacto de la ausencia emocional en nuestro mundo interior

La presencia física de un padre o madre, desprovista de calor, comprensión y conexión emocional, puede ser una de las formas más confusas y dolorosas de soledad. Esta paradoja viviente, donde el amor y el apoyo deberían ser palpables, pero se sienten ausentes, tiene implicaciones profundas en el desarrollo emocional y la salud mental de los hijos. A un padre físicamente ausente te lo puedes imaginar de muchas maneras, pero cuando ha estado presente sin conectar y ofrecer la posibilidad de una base segura, no hay fantasía que aguante el peso de la realidad.

En el hogar, el silencio y la distancia emocional de un padre se traducen en un mensaje no verbal constante para el hijo: tus emociones no solo no importan, sino que para mí no existen. Este mensaje, aunque nunca expresado abiertamente, se internaliza, enseñando a los hijos a guardar silencio sobre sus sentimientos, a minimizar sus problemas y, eventualmente, a dudar de la validez de sus experiencias emocionales.

Recuerdo puntualmente el caso de un hombre adulto que en terapia me contaba cómo su padre, cuando él o algunos de sus hermanos se acercaban de niños a pedir consuelo o consejo, él les respondía que no tenían de qué preocuparse, que lo de ellos eran *"happy problems"* y que él tenía preocupaciones de adulto mucho más serias de qué ocuparse. Dicho esto, negaba toda posibilidad de expresión, comprensión o consuelo para ellos. ¿Por qué darlo si al final no estaba pasando nada? A veces se nos olvida que un niño tiene problemas de niño y un adulto, de adulto.

Como ya dije, crecer bajo la sombra de este silencio o ausencia emocional lleva a muchos a buscar fuera lo que no encuentran en casa: aprobación, afecto, confirmación de su valor. Esta búsqueda puede convertirse en una dependencia de la validación externa, donde el amor propio se ve constantemente socavado por la necesidad de agradar a otros o de cumplir con expectativas ajenas para sentirse dignos.

Pero el impacto de todo esto no se limita a la infancia; se extiende además mientras se forman y mantienen relaciones en la adultez. Puede llevar a dificultades para establecer límites saludables, a la incapacidad de comunicar necesidades y deseos de manera efectiva o incluso a la tendencia a repetir patrones de ausencia emocional en las propias relaciones, perpetuando con esto el ciclo con los hijos que vendrán. La ausencia emocional paterna complica el viaje de autoconocimiento y autoaceptación, por lo que aprender a identificar y confiar en los propios sentimientos se vuelve un desafío cuando la infancia enseña que expresar emociones es inútil o indeseable. Esto puede llevar a un distanciamiento de uno mismo y a la desconexión de las propias necesidades emocionales y deseos más profundos.

La experiencia de crecer con un padre emocionalmente ausente está vinculada a una mayor vulnerabilidad a problemas de salud mental, como ansiedad, depresión y baja autoestima. Esto porque el mensaje subyacente de que no se es suficiente, de que las propias emociones son una carga, puede dejar cicatrices que tardan años en sanar.

El impacto de la desconexión: cuando nos perdemos en el camino

Todos anhelamos sentirnos conectados, vistos y comprendidos, especialmente por aquellos que más significan para nosotros. Pero, ¿qué pasa cuando esas personas, en lugar de ser nuestros refugios, son la fuente de nuestro vacío? Sin darnos cuenta, emprendemos una búsqueda para llenar ese espacio, una búsqueda que nos puede llevar a veces por senderos complicados.

- **Caemos en viejos hábitos:** es curioso cómo, sin querer, terminamos buscando lo familiar, aunque lo familiar sea la indiferencia o la crítica que tanto nos dolió. Nos encontramos atrayendo y atraídos por amigos o parejas que, de algún modo, nos recuerdan a "casa". Y no es que deseemos el dolor, pero en ese terreno conocido, buscamos esa aprobación que nos fue esquiva, esperando que esta vez, quizá las cosas sean diferentes. Lamentablemente, no suele ser así.

- **Buscamos amor en lugares equivocados:** a veces, en nuestro deseo de sentirnos amados, caemos en la trampa de buscar afecto en cualquier parte, sin importar cuán poco saludable sea. Desde relaciones que apenas rozan la superficie hasta hábitos que prometen olvido, pero solo dejan más vacío, buscamos aliviar esa soledad que nos pesa, olvidando que estos parches temporales no pueden curar una herida tan profunda.

- **Idealizamos:** nos aferramos a personas o relaciones que parecen ser la respuesta a nuestras oraciones no atendidas, colocándolas en pedestales imposibles de mantener. Esta idealización puede convertirse en una cadena que nos ata, dejándonos vulnerables a la decepción o a aceptar menos de lo que merecemos, simplemente porque tememos perder esa conexión, por frágil que sea.

- **Nos aislamos:** en un intento de protegernos del dolor que ya conocemos demasiado bien, podemos terminar construyendo muros a nuestro alrededor. Aunque estos muros nos prometen seguridad, también nos roban la oportunidad de experimentar la verdadera cercanía y el afecto genuino, dejándonos en una especie de exilio autoimpuesto.

Navegando entre la gratitud y el dolor

En la búsqueda de sanar una crianza marcada por la ausencia emocional, muchos se ven atrapados en un mar de emociones contradictorias. Por un lado, la presencia física de nuestros padres y la satisfacción de nuestras necesidades materiales pueden llevarnos a cuestionar la validez de nuestro dolor. Comenzamos a recordar: "Ellos estuvieron ahí", "nunca me faltó un techo o comida en la mesa". Esta realidad tangible hace que el dolor emocional se sienta, de alguna manera, menos legítimo, como si no tuviéramos derecho a sentirnos heridos o abandonados porque ahí estuvieron y dieron mucho, aunque poco de lo que realmente se necesitaba en aquellos primeros años.

Por eso puede resultar todo un reto intentar dar voz a un tipo de dolor que es menos visible y menos tangible. Cómo hablar del vacío que deja un "te quiero" no dicho, una celebración de cumpleaños sin abrazos reales o las noches en que el silencio era la única respuesta a nuestras lágrimas. Estas ausencias, aunque no dejan marca en la piel, graban profundas cicatrices en el alma, ¿no es así?

Admitir que, a pesar de todo lo materialmente proporcionado, hay una herida por la falta de conexión emocional, es algo que suele venir acompañado de culpa. Nos preguntamos si somos ingratos, si al desear más estamos desvalorizando todo lo que sí se nos dio. Esta batalla interna entre el anhelo de reconocimiento emocional y la gratitud por lo material puede ser una fuente constante de conflicto y dolor.

Es por eso que se vuelve esencial reconocer que el valor de nuestra experiencia emocional no disminuye por la presencia de estabilidad material o física. Las necesidades emocionales son fundamentales para nuestro desarrollo y bienestar tanto como las físicas. Permitirnos sentir y validar nuestro dolor emocional no es un acto de ingratitud hacia lo material que se nos proporcionó; es un reconocimiento de nuestra humanidad completa, de nuestra necesidad intrínseca de amor, atención y conexión.

El camino hacia la reparación interior pasa por permitirnos reconocer y nombrar nuestro dolor sin juzgarnos. Comprender que es posible estar agradecidos por lo que tuvimos, mientras que también lloramos por lo que nos faltó. En este espacio de aceptación, podemos comenzar a trabajar hacia la sanación, buscando y construyendo las conexiones emocionales que anhelamos, y aprendiendo a ser para nosotros la fuente de amor y validación que tanta falta nos hizo. ¿Cómo? Asumiendo las funciones de los roles paterno y materno para nosotros.

Encontrar tu voz en el silencio

La experiencia de intentar alcanzar a un padre emocionalmente distante, es como enviar señales al espacio o lanzar un mensaje en una botella, quizá la respuesta nunca llegue. Aunque esto puede sentirse desolador, hay maneras de navegar por esta ausencia y encontrar no solo nuestra voz, sino también una sinfonía de voces que sí responden. Veamos algunas propuestas en este sentido:

- **Escuchando nuestra voz:** antes de escuchar a los demás, necesitamos aprender a escucharnos. Esto significa prestar atención a nuestras necesidades y emociones, reconociendo que son válidas y merecen ser expresadas. De hecho, una tarea necesaria de todo adulto es ser capaz de apropiarse del rol de padre y madre interior y proveerse entonces de todo lo emocionalmente necesario para fortalecerse, amarse y mirarse en un espejo más limpio.

Hace años, le sugerí a una paciente en terapia comenzar a escribir un diario. Al principio se mostró algo reticente a la idea (decía que no le gustaba mucho escribir), pero decidió empezar y poco a poco esa escritura se convirtió en una conversación diaria con su yo interior, ayudándole a reconocer y a validar sus experiencias por primera vez en su vida.

- **Buscando voces de apoyo:** uno busca lo que necesita; lo que siente que le hace falta, ¿no es así? Pero es igualmente importante encontrar las voces adecuadas, aquellas que realmente pueden ofrecernos el apoyo y la comprensión que necesitamos. Buscar apoyo no es buscar personas que sean comparsa de nuestra forma de pensar, sino voces que nos puedan ofrecer un reflejo no solo de nuestros méritos, sino de nuestro dolor. Voces que sean compañía que ofrezca consuelo, no adopción. Voces que alienten a sanar, no a guardar resentimiento. Voces que acerquen, que nutran y que nos hagan sentir mejor con cada encuentro.

- **Aprendiendo el idioma del amor propio:** esto es fundamental; el amor propio es un idioma que muchos de nosotros debemos aprender conscientemente, en especial, si hemos crecido en ambientes donde la autoestima no era fomentada. Un proceso terapéutico puede ser un espacio donde las personas aprenden a traducir las críticas internas en mensajes de autoafirmación, descubriendo cómo ser amables y compasivos consigo mismos. Para esto te propongo el siguiente ejercicio:

Cartas a mi Yo interior

- **Preparación:** encuentra un espacio tranquilo y cómodo donde no seas interrumpido y pon una música suave de fondo o una vela encendida, para crear un ambiente relajado.
- **Reflexión inicial:** dedica unos minutos a centrarte en tu respiración, permitiéndote llegar a un estado de calma. Piensa en lo que has sentido últimamente, en las emociones que han estado más presente en tu vida.

- **Escribiendo la carta:** dirige la carta a tu "Yo interior".
  Comienza expresando cómo te sientes en este momento, reconociendo tus emociones sin intentar cambiarlas o juzgarlas.

> Ejemplo: "Querido Yo interior, en este momento me siento un poco abrumado y ansioso. Reconozco estas emociones y no intento cambiarlas o juzgarlas. Son parte de mi experiencia y tienen su lugar en mi vida."

Continúa la carta reconociendo tus logros y los desafíos que has enfrentado. Valida tus esfuerzos, incluso aquellos que no resultaron como esperabas.

> Ejemplo: "He logrado muchas cosas en mi vida, como graduarme de la universidad y conseguir un trabajo que me gusta. También he enfrentado desafíos, como la pérdida de seres queridos y la lucha contra la soledad. Aunque no todos mis esfuerzos han resultado como esperaba, valoro cada uno de ellos porque me han hecho la persona que soy hoy."

Escribe sobre un momento reciente o distante en el que te hayas sentido especialmente afectado por la ausencia emocional. Ofrece a tu Yo interno las palabras de consuelo o el apoyo que te hubiera gustado recibir en ese momento.

> Ejemplo: "Recuerdo un momento en mi infancia en el que me sentí especialmente afectado por la ausencia emocional. Fue cuando gané el primer lugar en la competencia de matemáticas y no tuve a nadie con quien compartir mi alegría. Me hubiera gustado recibir palabras de felicitación y un abrazo cálido en ese momento."

Concluye la carta con afirmaciones positivas hacia ti. Pueden ser cualidades que te gustan de ti, aspectos de tu vida que agradeces o esperanzas para el futuro.

> Ejemplo: "Me gusta mi capacidad para ser resiliente en tiempos difíciles. Aprecio las amistades que he cultivado a lo largo de los años. Tengo esperanzas para el futuro, esperanzas de encontrar amor, de crecer en mi carrera y de continuar aprendiendo y creciendo como persona."

- **Reflexión y cierre:** una vez terminada la carta, tómate un momento para reflexionar sobre el proceso de escribirla. ¿Hubo algo que te sorprendiera? ¿Cómo te sientes ahora respecto a las emociones o situaciones que mencionaste?

  Guarda la carta en un lugar seguro. Puedes elegir un momento en el futuro para releerla, como un recordatorio de tu capacidad para ofrecerte comprensión y apoyo.

- **Práctica continua:** haz de este ejercicio una práctica regular, yo te sugiero al menos una vez a la semana; pero de ser posible, hazlo dos veces por semana. Escribir cartas a tu Yo interno en diferentes momentos puede ayudarte a ver tu crecimiento, así como a mantener un diálogo interno saludable y compasivo.

- **Expresar emociones de manera creativa**: la expresión creativa ofrece una salida poderosa para las emociones reprimidas.

Una paciente inicialmente empezó a hacer algunos garabatos en una hoja de papel con un lápiz. Trataba de dibujar sus emociones. La experiencia le fue tan gratificante que después se compró lápices especiales de carboncillo porque descubrió que, a través del dibujo, podía comunicar sentimientos que las palabras no lograban capturar, creando un puente entre su mundo interior y el exterior. Ella misma reconocía que sus dibujos no estaban "para la exposición", pero ambos sabíamos que ese no era el objetivo. Digamos que una ganancia adicional de esto, es que dibujar es algo que siempre había querido hacer desde niña, pero sentía que por no hacerlo bien, no tenía caso insistir en ello.

- **Liberar las cadenas del pasado:** reconocer y soltar las voces internas que nos limitan es un proceso liberador. En terapia, muchas personas aprenden a identificar cuáles son esas voces heredadas del pasado que ya no les sirven, trabajando activamente para reemplazarlas con mensajes que reflejen su verdadera esencia y valía. Ya en capítulos pasados te ofrecí algunos ejercicios para esto.

- **Abrazar el silencio**: finalmente, hay un valor inmenso en aprender a estar cómodos con nuestro silencio. El silencio no tiene que ser un vacío aterrador, sino un espacio lleno de posibilidades para el crecimiento personal, la reflexión y un lugar donde puedes encontrarte y reconstruirte lejos de las expectativas y las demandas de los demás. En un mundo donde el ruido es constante, el silencio se convierte en un refugio, una fuente de poder y claridad. Tomarte un momento para apreciar el silencio, te permite reconectar contigo, escuchando lo que realmente importa. El silencio no es solo ausencia de sonido; es espacio para la reflexión, la creatividad y la conexión profunda. En el silencio encontramos respuestas a preguntas que el ruido del día a día no nos deja formular. Es más, es en el silencio donde es más probable que escuches tu voz con mayor fuerza y claridad.

Para los hijos de padres emocionalmente ausentes, el camino hacia adelante es complejo. Se trata de aprender a encontrar el equilibrio entre el anhelo de una conexión perdida y la construcción de un sentido de autoestima y amor propio, independientes de esa validación parental. Significa, tal vez, buscar respuestas o cierre, pero también encontrar la fortaleza para crecer y florecer a pesar de las carencias.

La búsqueda de entendimiento y reconciliación con esta ausencia no es un camino lineal ni sencillo, eso lo reconozco; sin embargo, al enfrentarlo, abrimos la posibilidad no solo de sanar las heridas del pasado, sino también de redefinir nuestro futuro, encontrando y ofreciendo el amor y la atención que quizá nos faltaron.

Ausencia por muerte: transitando
por la pérdida y el duelo

Perder a una madre o a un padre es atravesar un umbral que nos sitúa entre el antes lleno de presencias tangibles y un después teñido de ausencia y recuerdos. No es solo sentir el vacío físico de su presencia, es también enfrentarnos a un pantano de emociones por el que cuesta mucho transitar y que a veces nos hace sentir que nos hundimos en él.

Es curioso cómo en la ausencia, seguimos conversando con ellos, a veces en susurros apenas audibles entre nuestras lágrimas, otras en diálogos internos donde las risas y regaños del pasado cobran nueva vida. Para algunos, estos recuerdos son un abrazo cálido, un refugio donde el amor que compartimos sigue vivo y nos guía. Pero para otros, es como caminar por un sendero lleno de espinas, donde cada paso nos recuerda todo lo vivido, lo que se rompió y no se pudo arreglar. Las voces que nos pudieron lastimar y ahora ya no hay nadie que las aclare, las modifique o incluso pida perdón por lo que nos dijeron.

Este espacio no pretende ser un mapa detallado que nos lleve desde un punto A hasta un punto B, porque el duelo y la sanación son rutas tan personales como las huellas que dejamos al caminar. Lo que sí busco en esta parte, es que encuentres un faro que ilumine esos caminos, ofreciendo palabras que tal vez resuenen con tu búsqueda, permitiéndote ver que, en medio del dolor, también hay posibilidades, aprendizaje y oportunidades para escribir nuevas historias.

Podemos ir hacia la nostalgia de los buenos momentos, a la complejidad de las relaciones idealizadas o entrar en el laberinto de los conflictos no resueltos, buscando maneras de abrazar todas esas emociones sin perdernos en ellas. Porque cada paso que damos hacia la comprensión, el perdón y la aceptación, no solo nos ayuda a sanar las heridas que nos dejó su ausencia o su presencia, también nos enseña a caminar con más firmeza y amor hacia nosotros y hacia aquellos que aún caminan a nuestro lado.

La voz que no se quiere olvidar: padres con los que se tuvo una buena relación

Perder a un padre o a una madre es como perder una parte de tu mundo. Pero hay algo curioso que sucede después, algo dulce en medio del dolor. Sus palabras, sus risas, esos consejos que solían darnos, de alguna manera, siguen aquí con nosotros, tan vivos como siempre.

En mi caso, me he dado cuenta de que no necesito estar en un lugar especial para sentir a mi padre cerca. Puede ser mientras estoy haciendo café por la mañana y me río recordando alguna de sus bromas o cuando me enfrento a una decisión difícil y puedo escuchar sus palabras guiándome, como si estuviera justo ahí, a mi lado.

Suena extraño cómo sus voces se pueden convertir en una voz cálida dentro de nosotros, ¿no es verdad? Y no es que los hayamos reemplazado o que ya no los extrañemos cada día, sino que es como si hubiéramos aprendido a llevarlos con nosotros de una forma nueva, diferente. Se vuelven nuestros "padres eméritos", como me gusta llamarlos, cuyo amor y lecciones siguen siendo una parte tan real de nuestra vida como lo fueron cuando estaban aquí.

Esta nueva forma de estar juntos no se trata de vivir en el pasado ni de idealizar lo que fue. Es más bien un diálogo continuo, un crecimiento conjunto donde, sorprendentemente, seguimos siendo influenciados por su amor, su fuerza y hasta por sus defectos. Es reconocer que una parte significativa de quiénes somos hoy, viene de lo que ellos nos enseñaron y de los momentos que compartimos. Y aunque a veces duele que no estén aquí físicamente para ver todo lo que hemos logrado, hay consuelo en saber que cada paso que damos, cada logro, cada momento de felicidad o tristeza, es también un poco suyo. En cada elección, en cada risa, en cada lágrima, los honramos y mantenemos su espíritu dentro de nosotros.

Entonces de lo que se trata es de que aprendamos a ser nuestro guía y nuestro consuelo, pero nunca estando solos, porque ellos, de una manera que solo el corazón puede entender, nunca se marchan realmente del todo. Su presencia puede seguir dando, enseñando y sosteniendo, incluso en los días más oscuros.

Honrando la presencia en su ausencia: navegando el camino del duelo

La muerte de nuestros padres sin duda es un evento doloroso que puede marcarnos de muchas maneras, pero su ausencia no tiene que transformarse en un vacío, podemos convertirla en un espacio lleno de presencia, recuerdos y vivencias compartidas. A veces, esas vivencias y recuerdos resurgen en los detalles más simples: pasar por su restaurante favorito, la melodía de una canción que les gustaba o algún gesto heredado que se manifiesta en momentos inesperados. Aunque físicamente se han ido, de alguna manera, siguen viviendo a través de nosotros, en cada pequeño eco de sus vidas que resuena en las nuestras.

Crear un espacio para ellos no requiere grandes gastos porque es en las pequeñas rutinas donde su recuerdo se siente más cercano. Tal vez sea una esquina de la casa adornada con fotografías y objetos queridos o un pequeño espacio íntimo que se convierte en un punto de encuentro silencioso. Y en días significativos, esos momentos especiales pueden ser oportunidades para celebrar su vida y legado, quizá cocinando su plato favorito, contando una anécdota o escuchando su canción preferida. Así permitimos que su presencia llene el espacio de nuestra vida cotidiana por un momento.

Podemos decir que la conversación con los seres queridos que se han ido nunca termina realmente; de hecho, esas son voces que no queremos silenciar. Cada uno puede de pronto encontrarse charlando con ellos durante el día, compartiendo logros, desafíos, alegrías y tristezas, como si pudieran escuchar cada palabra. Para otros, escribir cartas es una práctica sanadora, una forma de mantener viva esa conexión íntima a pesar de la ausencia física.

Como dije, el proceso de duelo es un camino personal, marcado por sus ritmos y necesidades. No hay un solo modo correcto de transitar por él; cada emoción, cada recuerdo, cada momento de tristeza o felicidad es parte de ese proceso. En los días difíciles, recordar que está bien sentir plenamente la pérdida, que cada lágrima es un reflejo del amor profundo que compartieron, puede ofrecer consuelo. Honrar a los padres fallecidos es también vivir de una manera que refleje los valores, enseñanzas y amor que nos transmitieron. No se trata de emular sus vidas paso a paso, sino de permitir que la esencia de su ser inspire nuestras elecciones y caminos. En cada decisión, en cada acto de bondad, en cada sueño perseguido, su influencia y legado continúan aquí, demostrando que, aunque ausentes, su presencia es una fuerza constante y nutriente en nuestras vidas.

Si estás pasando en este momento por la parte aguda de un proceso de duelo o sientes que puedes transitar por él, te recomiendo que busques mi libro *Del otro lado de la tristeza* o mi audiolibro, *Aprender a vivir sin ti*, ambos también de esta misma casa editorial. En ellos te ofrezco un acompañamiento puntual en momentos dolorosos de pérdida y duelo.

Enfrentando el adiós sin resolución: cuando ellos se van y quedan asuntos pendientes

La partida de un padre o madre con quien las cosas quedaron en el aire, ya sea por desencuentros, distancia emocional o conflictos sin resolver, plantea un reto particular en el corazón. No es solo el duelo por la persona que se ha ido, sino también por la relación que nunca llegó a ser lo que anhelábamos. Este tipo de pérdida puede dejar una variedad de emociones conflictivas: desde ira y frustración hasta tristeza profunda y, en ocasiones, un alivio que puede ser difícil de admitir.

La muerte parece cerrar estos capítulos de manera abrupta, dejándonos con sentimientos que pueden experimentarse como un laberinto sin salida. Cuando la relación se da entre una gran cantidad de desencuentros y distancia emocional, su partida puede golpearnos con una fuerza inesperada. Es como si, de repente, todas esas oportunidades de reconciliación o de entenderse mejor se esfumaran, dejando tras de sí un vacío repleto de "y si hubiera..." que revolotean en nuestra mente de manera pesada y persistente.

Este duelo es más confuso porque lleva consigo la carga adicional de la ambivalencia. La ira y la frustración por lo que fue (o no fue) se entremezclan con una tristeza profunda por la pérdida de lo que pudo ser. En algunos casos, se filtra un alivio, quizá por el fin de una lucha constante o por la liberación de un ciclo de dolor, pero este sentimiento puede ser especialmente complicado de reconocer y transitar. La culpa, como si fuera una pesada sombra, puede estar acechando detrás del alivio, susurrando preguntas sobre nuestra lealtad y amor verdaderos.

Este tipo de duelo nos pone frente a frente con la complejidad de nuestras emociones humanas, recordándonos que el corazón siente en múltiples dimensiones y que el

203

amor, el resentimiento, la esperanza y la desilusión pueden coexistir en el mismo espacio.

Reconocer y aceptar esta montaña rusa emocional es el primer paso hacia la sanación. No hay lugar para el juicio aquí; no conviene que lo haya. Cada sentimiento tiene su razón de ser y merece ser explorado y comprendido. Este proceso de validación permite comenzar a destrabar el nudo de emociones que pudieron estar enredadas durante años y que hoy se han liberado sin claridad, lógica o control.

En este caso, el perdón hacia nuestros padres y hacia uno mismo, puede ser un camino necesario en nuestro viaje hacia la liberación. Sin embargo, es importante recordar que el perdón es un proceso personal y no necesariamente significa olvidar o justificar el daño causado. Más bien, puede ser una forma de soltar el peso que esas heridas han representado, permitiendo moverte hacia adelante con menos carga. De hecho, no es que sea imprescindible, si el recuerdo de lo ocurrido todavía te hace sentir vulnerable. Para algunos, lamentablemente, la trinchera del resentimiento o la culpa, por devastadoras, pueden ser el último refugio ante la vulnerabilidad que representa enfrentar una dolorosa verdad. No, el perdón no es que sea imprescindible, pero en muchos casos es necesario y conveniente.

Reflexión y catarsis

Enfrentar la pérdida de una madre o un padre con el cual quedaron palabras no dichas y sentimientos no resueltos, es adentrarse en un terreno emocional, complejo y no pocas veces doloroso. Este camino hacia la comprensión y eventual sanación pasa por estar dispuestos a mirar hacia adentro, hacia los rincones más profundos de nuestro ser, donde habitan tanto el amor como el resentimiento, la esperanza, la culpa y a veces la desilusión.

El proceso de reflexión y catarsis no es un camino lineal ni sencillo, es más bien un peregrinaje a través de las capas de nuestras emociones, un viaje que nos lleva a confrontar no solo nuestra relación con quien se ha ido, sino también con nosotros. En este espacio sagrado de introspección, podemos encontrarnos cara a cara con nuestras vulnerabilidades, nuestras fortalezas y con nuestra capacidad para crecer y transformarnos. No hay respuestas correctas o incorrectas aquí, solo verdades personales que necesitan ser expresadas y reconocidas. Este es un espacio para ser genuinamente nosotros, para ofrecer compasión a nuestras experiencias y a las de aquellos con quienes compartimos nuestra vida.

Los ejercicios que siguen son invitaciones a dialogar con esas partes de nosotros que quizá hemos evitado o silenciado. Son oportunidades para liberar aquellas emociones que hemos cargado durante demasiado tiempo, permitiéndonos finalmente respirar un poco más libremente, encontrar un sentido de paz y, con el tiempo, abrir nuestro corazón a nuevas formas de conexión y amor.

- **Cartas nunca enviadas**: escribir una carta a ese padre o madre que ya no está, expresando todo lo que quedó sin decir, puede ser un acto profundamente catártico. No es necesario que la carta siga una estructura formal; lo importante es que refleje sinceramente tus sentimientos y pensamientos. Eso sí, conviene que escribas sin autocensura; deja que salga lo que tenga que salir y, si lo necesitas, ya escribirás una segunda vez ajustando lo que haga falta.

- **Diálogos imaginarios:** a veces, imaginar una conversación con el padre fallecido, donde se puedan expresar abiertamente las emociones reprimidas, ofrece un sentido de cierre. Estos diálogos pueden realizarse en un lugar tranquilo, donde te sientas seguro y sin interrupciones. Puedes hacerlos en voz alta, por ejemplo, frente a una fotografía o un objeto de recuerdo que tengas de la persona. Incluso, podrías hacerlo mediante un diálogo silencioso que tengas desde tu interior.

Transformando el dolor en crecimiento

A pesar del dolor y los conflictos, es posible encontrar valiosas oportunidades en estas relaciones complicadas. Reflexionar sobre cómo estos desafíos te han fortalecido o cambiado puede ofrecer una perspectiva nueva y esperanzadora sobre tu crecimiento personal. Buscar apoyo en amigos, propuestas colectivas o terapias, puede ofrecer un espacio seguro para explorar estos sentimientos. Compartir tu experiencia con otros que han vivido situaciones similares proporciona no solo consuelo, sino también diferentes perspectivas que pueden iluminar tu camino hacia la sanación.

Con el tiempo, es posible que encuentres una forma de recordar a tu padre o madre que honre la complejidad de su relación, pero que también te permita recordar los momentos de conexión o felicidad, por escasos que fueran. Permitirte estos recuerdos puede ser un paso hacia reconciliar la realidad de lo que fue, con la paz que buscas en el presente.

El perdón como un puente hacia la liberación

Aunque ya lo mencioné, he querido dejar un espacio especial para este tema al final de este capítulo porque como ya vimos, hay cosas que se quedan pendiente o al menos así lo consideramos, entre aquellos que no estuvieron, que no supieron estar o que se han marchado de nuestro lado.

Realmente, creo que pocos hilos son tan tensos y difíciles de manejar como los de la culpa y el resentimiento porque estas emociones cuando no se resuelven, pueden actuar como cadenas que nos atan a un pasado que no podemos cambiar, impidiendo que avancemos hacia el futuro con esperanza y libertad. Por eso, en este espacio de reflexión y sanación, te propongo al perdón no como un acto de olvido, sino como un puente hacia la liberación, una vía para soltar esas cadenas y abrir tu corazón a la posibilidad de paz y comprensión.

Pero entiendo perfectamente que la palabra "perdón" lleva consigo la carga de muchos significados, algunos de ellos llenos de controversia y malentendidos. Cultural y socialmente existen distorsiones y creencias que dificultan este proceso, sobre todo cuando se malinterpreta como una invitación a pasar por alto el dolor causado y, al otorgarse, toca por fuerza reconciliarse con quien nos ha herido. Sin embargo, el verdadero perdón es un proceso más íntimo y personal; es una decisión que tomamos no por los demás sino por nosotros, para liberarnos del lastre del dolor y abrir un camino hacia una sanación más profunda.

Entender el perdón implica reconocer que este no necesariamente conlleva la reconciliación. El acto de perdonar puede ocurrir en ausencia de una relación continua con la persona perdonada. Es posible perdonar y, aun así, elegir mantener distancia por nuestro bienestar. El perdón, entonces, no es el final del viaje, sino el comienzo; una declaración de intención hacia nosotros que marca el umbral hacia la reparación, no de la relación rota, sino de nuestro ser.

Abrazar el perdón como forma de liberar culpa y resentimiento no implica justificar las acciones o ausencias que nos han causado sufrimiento. Más bien, se trata de reconocer que arrastrar el peso del rencor solo nos perjudica, encerrándonos en un ciclo de dolor y amargura que oscurece la luz de nuestra vida. Al perdonar, nos permitimos reconocer el dolor, entenderlo y, finalmente, dejarlo ir; no porque lo que ocurrió esté bien, sino porque elegimos no permitir que ese dolor defina nuestra existencia. El perdón nos enseña que aunque no podemos controlar las acciones o inacciones de otros, sí tenemos el poder de elegir cómo respondemos a ellas, cómo las procesamos y cómo permitimos que influyan en nuestro camino hacia adelante.

Vamos a explorar maneras en que el acto de perdonar —a nuestros padres, a los demás y, esencialmente, a nosotros— puede transformarse en un puente robusto y luminoso hacia la liberación. Un puente que cruzamos no sin esfuerzo, pero sí con la promesa de llegar al otro lado donde puede haber un lugar de mayor paz, comprensión y amor propio.

Aunque no existe una sola manera de perdonar, hay pasos y consideraciones que pueden ayudarnos a avanzar en este camino con mayor claridad y propósito, veamos:

- **Reflexionar sobre el dolor y el resentimiento:** el primer paso en este camino es permitirte sentir y reconocer plenamente el dolor o el resentimiento que la ausencia ha dejado en tu vida. Este reconocimiento no es un acto de debilidad, sino de fortaleza y honestidad contigo.

  Ejercicio de reflexión: dedica un momento de tranquilidad para escribir sobre las experiencias específicas que te han causado dolor o resentimiento. Describe cómo te han afectado emocionalmente y cómo crees que han influido en tu vida. Este ejercicio no es para juzgar o para quedarse atrapado en el dolor, sino para reconocer su existencia como el primer paso hacia la liberación.

Ejemplo: hoy quiero hablar sobre una experiencia que me ha causado mucho dolor y resentimiento. Recuerdo claramente el día en que mi padre no asistió a mi boda. Ese día era muy importante para mí y sentí una gran decepción, tristeza y vergüenza cuando miré alrededor y no lo vi llegar. Este evento me ha afectado emocionalmente de varias maneras. A veces, me encuentro dudando de mi valía y luchando con sentimientos de rechazo. Creo que esta experiencia ha influido en mi vida al hacerme más reacio a compartir mis momentos felices, por miedo a ser ignorado o decepcionado nuevamente. Reconozco este dolor y este resentimiento. No los juzgo ni me permito quedarme atrapado en ellos. En cambio, los veo como son: emociones que son parte de mi experiencia humana. Al reconocerlas, doy el primer paso hacia la liberación.

- **Aceptar lo que no se puede cambiar:** yo siempre he sostenido que una distinción fundamental para la vida es la que hacemos entre las cosas que se pueden cambiar y las que no se pueden cambiar. Y justamente una parte esencial en el proceso del perdón, es aceptar que no podemos cambiar el pasado ni las acciones o decisiones de nuestros padres. La aceptación no significa estar de acuerdo con lo sucedido, sino comprender que el pasado está fuera de nuestro control. Digamos que es aceptar que las cosas pasaron así y no de otra manera. "¿Y ya?", alguien con toda razón podría cuestionarme. La respuesta es no, pero es un paso necesario. No pocas personas en terapia se estancan en este proceso fantaseando en cómo las cosas deberían haber sido, resistiéndose con eso a aceptar que fueron de otra forma. También más de una persona me ha preguntado en terapia o en alguno de mis talleres: "¿Pero por qué pasaron así las cosas?", y yo respondo con la verdad: "No lo sé, pero así fue como pasaron..." Por injusto, inadecuado, doloroso o irracional que nos pueda parecer a ti y a mí, así pasaron las cosas y no de otra manera. Por eso quizá requerimos el siguiente paso.

- **Meditación de aceptación:** practica una meditación centrada en la aceptación del pasado. Respira profundamente y, con cada exhalación, visualiza cómo sueltas y dejas ir un poco más el peso del pasado. Con cada inhalación, imagina que te llenas de paz y esperanza para el futuro. Te dejo aquí una guía más detallada.

Preparación:
- Encuentra un espacio tranquilo donde no serás interrumpido. Este espacio debe sentirse seguro y cómodo para ti.
- Siéntate en una posición cómoda, ya sea en una silla con los pies en el suelo o en una almohada en el suelo con las piernas cruzadas. Mantén tu espalda recta, pero relajada.
- Cierra suavemente los ojos o baja la mirada para reducir las distracciones visuales.

Inicio:
- Comienza a tomar conciencia de tu respiración. No necesitas cambiarla, solo obsérvala. Siente cómo el aire entra y sale de tus pulmones. Deja que cada exhalación te ayude a relajar un poco más tu cuerpo.
- Con gentileza, permite que cualquier sentimiento de dolor, resentimiento, frustración o situación no resuel-

ta que tengas hacia la ausencia de tu padre o madre, venga a tu mente. Reconócelo sin juzgarlo. Estos sentimientos son parte de tu experiencia, pero no definen quién eres.

Profundizando en la aceptación:

- Imagina ahora que con cada inhalación, te llenas de fuerza y claridad. Con cada exhalación, visualiza cómo sueltas y dejas ir un poco del dolor y del resentimiento. Piensa en estos sentimientos como hojas que el río se lleva; están ahí, pero no necesitas aferrarte a ellos.
- Silenciosamente, para ti, repite un mantra de aceptación con cada exhalación. Puede ser algo tan simple como: "Suelto el pasado" o "acepto y libero". Encuentra las palabras que resuenen contigo y tu proceso.

Construyendo el puente hacia el futuro:

- Comienza a visualizar cómo te gustaría sentirte y qué te gustaría experimentar en tu vida sin el peso de estos sentimientos negativos. Imagina un futuro donde te sientas liberado, en paz y donde haya espacio para nuevas experiencias más positivas.
- Con cada inhalación, imagina que te llenas de esperanza y de luz, fortaleciendo tu capacidad para aceptar, perdonar y avanzar. Siente cómo esta luz ilumina cada parte de tu ser, trayendo paz y sanación.

Cierre de la meditación:

- Tómate un momento para agradecerte por dedicar este tiempo a tu sanación y crecimiento personal. Agradece también por cualquier revelación o sensación de paz que hayas experimentado durante la meditación.

- Comienza a llevar tu atención de vuelta al presente, moviendo suavemente los dedos de las manos y de los pies, y cuando te sientas listo, abre los ojos.
- Si lo deseas, toma unos momentos después de la meditación para reflexionar o escribir sobre cualquier pensamiento, sentimiento o descubrimiento que haya surgido.

Decisión consciente: reflexiona sobre la decisión de perdonar y escríbete una carta, explicándote por qué eliges perdonar. Habla sobre lo que esperas ganar en términos de paz interior y liberación emocional al tomar esta decisión.

Visualización creativa: dedica un tiempo a visualizar cómo te gustaría que fuera tu vida sin el peso del resentimiento. ¿Qué cosas nuevas te gustaría explorar? ¿Cómo te gustaría sentirte en tus relaciones? Escribir o dibujar estas visualizaciones puede ayudar a hacerlas más concretas y alcanzables.

Una vez más lo digo, este proceso puede no ser simple o rápido para todos, pero es un camino posible para romper las ataduras de un pasado que atormenta.

Una mirada global: ¿Cómo diferentes culturas enfrentan la ausencia parental?

La experiencia de la ausencia de un padre no se vive de la misma manera en todo el mundo. En algunas culturas, la comunidad y la familia extendida juegan un papel esencial, asumiendo roles de apoyo cuando uno de los padres está ausente, física o emocionalmente. En otros contextos, la independencia desde una edad temprana se fomenta como un valor, preparando a los individuos para enfrentar la ausencia de los padres con mayor autonomía.

Mientras que en algunas partes del mundo se observa una gran estigmatización y un profundo impacto emocional frente a la ausencia emocional de los padres, otras culturas pueden tener un enfoque más pragmático, donde se prioriza la supervivencia y el bienestar económico sobre las necesidades emocionales. Además, la forma en que se maneja el duelo y la memoria de los padres fallecidos varía enormemente. Algunas culturas celebran la vida de los seres queridos con festividades y rituales que honran su memoria, integrando la pérdida en el tejido de la vida cotidiana, mientras que otras pueden enfocar el duelo de manera más privada y silenciosa.

Este variado panorama cultural nos recuerda que no hay una "manera correcta" de manejar la ausencia de los padres. Cada uno de nosotros, influenciado por su cultura, su entorno y sus circunstancias personales, encontrará su camino para sanar y adaptarse. Al explorar y entender estas diferencias, podemos ampliar nuestra perspectiva y quizá encontrar consuelo en la riqueza de experiencias humanas que, aunque diversas, reflejan un tema universal de pérdida y adaptación. Y esto te lo digo porque, a veces, sentimos que no hay otra manera de experimentar esto, sino de la manera en que de alguna forma lo aprendimos. Porque no nos enseñan a sentir, pero la familia, sociedad y cultura sí nos enseñan cómo interpretar y expresar aquello que sentimos y, a veces, esto puede ser de una manera que se ve muy normalizada, pero no siempre saludable.

En una ocasión, una persona en proceso de terapia expresó un gran resentimiento hacia su madre porque, desde su perspectiva, no había estado lo suficientemente presente durante su niñez. Parte de su crianza quedó a cargo de una tía, quien desde la infancia, mantenía una rivalidad no resuelta con la madre de mi paciente, su hermana. No me detendré a analizar cómo los padres son en gran parte responsables de estas rivalidades. Continuando con la historia de esta paciente, ella mostraba continuamente conductas agresivas hacia su madre. Incluso afirmaba que la odiaba, y cada interacción que tenían, por más benevolente que pudiera comenzar, terminaba arruinada por un comentario, un gesto de desaprobación o alguna frase hiriente. Siempre busqué validar su sentir, pero también le mostré que había otras formas de manejar su relación con su madre, con quien, a pesar de todo, deseaba mantener un vínculo. Sin embargo, algo "más fuerte que ella", se lo impedía de manera saludable. Un día, durante una sesión, me dijo: "Mario, no puedo tratar a mi mamá de otra manera. No se puede sentir otra cosa más que odio, enojo y resentimiento hacia una madre que te ha abandonado." Yo le respondí que entendía su sentir, pero que si seguía considerándolo como la manera "correcta" de sentir y actuar, no encontraríamos salida a esa trampa. Le dije: "Hay personas que, como tú, sienten este enojo y resentimiento y no se permiten exteriorizarlo; en cambio, lo discuten directamente con la persona involucrada para intentar comprender las causas y circunstancias. Otras expresan tristeza, nostalgia o confusión y entonces buscan sanar internamente, proporcionándose el consuelo necesario o buscando acercamiento con quien no lo pudo ofrecer, si las condiciones lo permiten. Hay muchas otras formas de transitar por esto y tu manera no es la única ni la más lógica."

Cuando no vemos otras posibilidades, pensamos que no las hay, aunque frecuentemente es que solo no las vemos.

¿Qué vimos en este capítulo?

La ausencia de un padre o madre se manifiesta en diversas formas, desde la ausencia física debido a la distancia o la muerte, hasta la ausencia emocional, donde no hay conexión o comprensión entre padre e hijo.

La empatía hacia las circunstancias que llevaron a un padre a estar ausente, combinada con la reflexión personal, facilita el camino hacia la aceptación.

La ausencia parental es parte de nuestra historia personal, pero no la totalidad de nuestra identidad.

Enfrentar la ausencia implica reconocer emociones complejas como amor, resentimiento, esperanza y desilusión.

Interactuar con las voces de los padres ausentes, ya sea en recuerdos, imaginación o diálogo interno, impacta la autoimagen y la narrativa personal.

El duelo por la ausencia parental es un proceso complejo con emociones conflictivas, como ira, frustración, tristeza y alivio.

La aceptación y el perdón, a través de la meditación, escritura reflexiva y visualización creativa, ofrecen herramientas para la sanación y recuperación emocional.

El perdón no es obligatorio, pero puede liberar el peso del resentimiento y la culpa, permitiendo avanzar con menos carga

Ejercicio sugerido para este capítulo

"Cápsula del tiempo emocional"

Objetivo: permitirte consolidar tu proceso de reflexión, perdón, aceptación y establecer intenciones para tu camino futuro de crecimiento y sanación.

Materiales:
- Una caja pequeña o un sobre resistente que actuará como tu cápsula del tiempo.
- Hojas de papel y un bolígrafo.
- Cualquier objeto simbólico que represente tu proceso de sanación (opcional).

Instrucciones:
Reflexión y escritura: tómate un momento tranquilo para reflexionar sobre tu viaje a través de este capítulo.

Preguntas guía para la reflexión:
- ¿Qué momento de este capítulo te impactó más y por qué?
- ¿Cuál ha sido el cambio más significativo en tu percepción de la ausencia parental desde que comenzaste este capítulo?
- ¿Cómo quisieras que el recuerdo de tus padres evolucione en ti a futuro?

Escribe una carta para tu Yo futuro, detallando tus sentimientos actuales, los desafíos que has enfrentado, cómo te has sentido con el proceso de perdón y aceptación, y lo que has aprendido sobre ti. Expresa tus esperanzas y deseos para tu futuro emocional y cómo te gustaría relacionarte con el recuerdo de tus padres ausentes o fallecidos.

Objetos simbólicos: si lo deseas, incluye en tu cápsula del tiempo algún objeto pequeño que tenga un significado especial para ti en este proceso. Puede ser una foto, una piedra especial, un dibujo o cualquier otro objeto que simbolice tu camino hacia la sanación.

Ejemplos de objetos simbólicos:
- Una fotografía de un lugar o momento feliz que compartiste con tus padres.

- Una piedra o un cristal que represente claridad, sanación o protección.
- Un trozo de papel en el que escribas un deseo o meta para el futuro.

Cierre de la cápsula: una vez que hayas colocado tu carta y el objeto simbólico (si elegiste incluir uno) dentro de la caja o el sobre, ciérralo. Puedes sellarlo con cinta adhesiva o atarlo con una cinta, lo que prefieras. Tómate unos momentos para reflexionar sobre el acto de dejar ir el pasado.

Establece una fecha futura: decide cuándo te gustaría abrir esta cápsula del tiempo emocional. Puede ser en un año, cinco años o en una fecha significativa para ti. Anota esta fecha en el exterior de la cápsula.

Encuentra un lugar seguro: guarda tu cápsula del tiempo en un lugar seguro, donde no la veas todos los días, pero sí puedas encontrarla cuando llegue el momento de abrirla.

Reflexión: este ejercicio no solo te permite ver cuánto has crecido y cambiado cuando finalmente abras la cápsula, sino que también actúa como un recordatorio de que el proceso de sanación y crecimiento es continuo.

7. Construyendo tu legado

"No hay mayor carga para un niño
que la vida no vivida de un padre".
Carl Gustav Jung, psicólogo analítico

Estamos llegando al final de este camino en donde no podemos irnos sin dejar algo aquí como testimonio de un trabajo de reparación, recolocación e integración de las voces y presencia parentales. De alguna manera reconocer esas voces nos permite diferenciarlas de la nuestra y, sin abrazarlo todo o desecharlo todo, vamos integrando partes de ellos y partes nuestras para conformar la persona que somos y que queremos ser. Es entonces que ahora surge una pregunta: ¿Qué legado elegimos dejar?

A lo largo de estas páginas, hemos explorado la relación con nuestros padres, reconociendo cómo sus voces, su presencia o su ausencia, han dejado una marca en quienes somos. Hemos aprendido a discernir entre lo que nos fue dado y lo que elegimos para nosotros, entre las herencias emocionales que aceptamos y aquellas que decidimos transformar. Pero ahora nos encontramos en un punto clave, en el umbral para poder definir nuestro legado.

¿Por qué es importante pensar en un legado?

Pensemos en esto. Si el propio título de este libro sugiere la idea de que necesitamos acallar a las voces parentales, ¿por qué querríamos hacer eso? La respuesta está en que, a veces, su estridencia en nuestra mente no nos deja escuchar nada más. Pero imaginemos que lográramos silenciarlas en un acto de magia, ¿qué es lo que queda? ¿Silencio, vacío o el ensordecedor ruido de la nada?

Pero creo que ya nos quedó claro, a través de los capítulos anteriores, que a esas voces y su influencia no es posible silenciarlas del todo, ¿no es así? Entonces de lo que se trata es de devolverle fuerza a tu voz, eso ya también lo vimos, para que entonces todas las demás voces se vuelvan como parte del ruido de fondo. Este es nuestro legado, dejar en esta tierra nuestra voz para que sea escuchada y tomada en cuenta, primero por nosotros y luego, por todos aquellos que estén interesados en lo que tenemos que decir y contar. No se trata de obligar a nadie a escucharnos si no puede, no quiere o simplemente dice que no le interesa. Tomar un legado no es obligatorio para nadie, eso ya lo has aprendido en este libro, pero sí es inevitable que dejes el tuyo, la cuestión es cómo quieres que sea.

Con esta nueva comprensión de nuestra voz y su poder, volvamos nuestra atención a cómo podemos modelar conscientemente el legado que deseamos dejar. ¿Cómo queremos ser recordados? ¿Qué valores, enseñanzas y experiencias deseamos encarnar en nosotros y transmitir a quienes nos sigan?

Mientras contemplamos la huella que deseamos dejar en el mundo, necesitamos parar un poco y considerar cómo nuestra voz, nuestros deseos y expectativas pueden llegar a ser percibidos por aquellos a quienes amamos y que serán receptores de nuestro legado. Reflexiona por un momento:

tu voz, cuando está cargada de expectativas, reglas, críticas, demandas, incluso chantaje emocional, ¿podría convertirse en una carga para alguien más? ¿Es como el eco de voces que tú mismo has querido evitar?

Imagina que en el futuro, cercano o lejano, tu voz se convierte en una que tus hijos u otros cercanos deseen acallar, no por falta de amor o gratitud, sino abrumados por el peso de lo que nunca pidieron. La línea entre el dar lo que creemos que los demás necesitan y el comprender y ofrecer lo que realmente necesitan, en su justa medida, es delgada, pero fundamental. Dicho de otra manera, no vaya a ser que un día alguien lea este libro pensando en ti.

Por eso, la construcción de nuestro legado debe ser vista como una oportunidad para mirar más allá de nuestras vidas y preguntarnos cómo podemos contribuir a nuestro entorno. Es decidir conscientemente qué partes de nosotros queremos que perduren, qué lecciones de vida consideramos valiosas para las generaciones venideras y cómo podemos influir positivamente en el mundo que dejaremos atrás. Sin embargo, construir un legado no es solo un proyecto para el futuro; comienza aquí y ahora, en las elecciones cotidianas que hacemos, en las palabras que elegimos y las acciones y actitudes que tomamos. Cada acto, cada actitud, cada decisión guiada por nuestros valores más profundos, cada momento en el que elegimos el amor sobre el miedo, estamos esculpiendo nuestro legado.

Vamos juntos a reflexionar sobre estas preguntas y explorar cómo puedes comenzar a construir un legado que refleje tu verdadero yo, un legado que no solo honre tu vida, sino que también inspire y enriquezca a aquellos que caminan detrás de ti o incluso a tu lado. Juntos, daremos forma a esta última pieza del rompecabezas, cerrando nuestro viaje con una visión hacia el futuro, un futuro que tú eliges crear.

Es hora de poner en práctica estas reflexiones y comenzar activamente a construir el futuro que imaginamos.

Reconociendo nuestro legado actual

No podemos construir un nuevo legado sin antes detenernos y reflexionar sobre el que ya traemos; lo que actualmente portamos en nuestra mochila interior. Esta carga está compuesta por creencias, valores y, no menos importante, las heridas heredadas de las generaciones que nos precedieron. Estos elementos conforman la estructura de nuestra identidad, influenciando sutilmente nuestras decisiones, relaciones y la manera en que interactuamos con el mundo.

Nuestra familia, en su más amplio espectro de generaciones, nos ha legado un patrimonio, y no exactamente el que muchos desearíamos. Las creencias y valores que nos han sido transmitidos actúan como brújulas en nuestra vida, orientando nuestras acciones y decisiones. Sin embargo, este legado no se compone únicamente de lecciones de amor, resiliencia y fortaleza; también incluye patrones de comportamiento, miedos y traumas que, muchas veces de manera inconsciente, hemos absorbido y hecho nuestros.

Lo que llevamos, en este sentido, es como una carga invisible. Algunas de las influencias más profundas se manifiestan en nuestras reacciones automáticas, en los miedos que parecen infundados, pero que tienen raíces antiguas, y en los sueños que perseguimos, influenciados por las expectativas y deseos no cumplidos de nuestros antepasados. Reconocer este legado, implica desentrañar las capas de nuestra identidad, identificando qué aspectos deseamos abrazar y cuáles necesitamos revisar o incluso sanar.

La importancia del autoanálisis

Un ejercicio de autoanálisis nos ofrece la oportunidad de mirar con detalle dentro de nosotros y discernir entre lo que realmente nos pertenece y lo que hemos incorporado por influencia familiar. Esta introspección nos permite identificar no solo los dones y fortalezas que hemos heredado y deseamos conservar, sino también aquellos patrones negativos o heridas que, de manera inadvertida, podríamos estar pasando a otros. Al tomar conciencia de estos aspectos, tanto positivos como negativos, nos dotamos de la capacidad para construir de manera activa y consciente el legado que deseamos dejar a las futuras generaciones.

Para esto, te sugiero el siguiente ejercicio de autoanálisis, el cual busca ofrecerte una manera accesible y directa de reflexionar sobre tu legado familiar actual, lo que has heredado y lo que potencialmente podrías pasar a otros, ideal para momentos de reflexión rápida o cuando estés buscando claridad.

- **Toma un momento para ti:** encuentra un lugar cómodo y tranquilo donde puedas sentarte sin distracciones. Puede ser útil tener a mano un cuaderno pequeño o una app de notas en tu teléfono, pero esto es opcional.

- **Piensa en tres valores positivos**: reflexiona rápidamente sobre tres valores o cualidades positivas que crees haber heredado de tu familia. ¿Qué te han enseñado tus mayores que consideras valioso y positivo?

  Ejemplos:
  - Empatía: mi abuela siempre se tomaba el tiempo para escuchar a los demás y tratar de enten-

der sus puntos de vista, incluso si no estaba de acuerdo con ellos.

- Resiliencia: mi padre enfrentó muchos desafíos en su vida, pero nunca se dio por vencido. Aprendí de él, que siempre podemos levantarnos después de caer.
- Generosidad: mi madre siempre estaba dispuesta a ayudar a los demás, incluso cuando no tenía mucho. Me enseñó el valor de compartir y la alegría que viene de dar.

- **Identifica una creencia limitante:** ahora, piensa en una creencia que hayas identificado en tu entorno familiar que sientas que limita tu potencial o te hace dudar de ti. ¿Qué creencia te gustaría desafiar o cambiar?

Ejemplos:
- "El único amigo verdadero es tener dinero en la bolsa." Esta creencia ha hecho que dé al poder económico un valor fundamental en mi vida, pero también me ha traído terror al fracaso y a la pobreza.
- "El éxito solo se mide por el logro académico o profesional." Esta creencia me ha hecho sentir insuficiente en momentos de mi vida donde el éxito no era tangible en esos términos.

- **Considera un patrón a modificar:** reflexiona sobre un patrón de comportamiento familiar que no te parece saludable o positivo. ¿Hay algo que te gustaría hacer de manera diferente a como se ha hecho tradicionalmente en tu familia?

Ejemplo:
- En mi familia, evitamos hablar de nuestros problemas, lo que a veces lleva a malentendidos y resentimientos. Me gustaría cambiar esto y promover una comunicación más abierta y honesta.

- **Imagina el legado que quieres dejar:** piensa en una cualidad, valor o lección que te gustaría que las personas recuerden de ti. ¿Qué te gustaría transmitir a las generaciones futuras o a las personas cercanas a ti?

Ejemplo:
- "Quiero ser recordado por mi capacidad de inspirar a otros a perseguir sus pasiones con coraje y autenticidad, mostrando que es posible seguir nuestros sueños, independientemente de los obstáculos."

- **Finalmente:** considera un pequeño paso o acción concreta que puedas tomar para comenzar a cultivar ese legado positivo que deseas dejar. No tiene que ser algo grande; a menudo, los cambios más significativos comienzan con pasos pequeños.

Ejemplo:
- Empezaré a dedicar tiempo cada semana para conversar con amigos o familiares, no solo sobre problemas o temas superficiales, también sobre sus sueños y desafíos, ofreciendo un espacio seguro para compartir y apoyarnos mutuamente.

Este ejercicio te permite hacer una rápida autoevaluación de lo que has recibido y lo que deseas pasar a otros, enfocándote en lo positivo mientras reconoces y decides cambiar lo que no te sirve. Recuerda, la reflexión sobre nuestro legado es un proceso continuo y está bien tomarlo un paso a la vez.

Definiendo el legado que queremos dejar

La construcción de un legado es un proceso que desafía nuestra comprensión de lo que significa tener una vida con propósito. No se trata solo de una herencia que dejamos en términos materiales, sino más bien de la huella emocional, ética y espiritual que imprimimos en aquellos con quienes interactuamos. Ahora te propongo otro ejercicio que comienza con una reflexión profunda sobre nuestros valores fundamentales y lo que más valoramos en la vida.

Paso 1: Identificación de valores

El primer paso hacia la definición de nuestro legado es identificar aquellos valores y principios que son inquebrantables para nosotros. Esto puede incluir la honestidad, la compasión, la justicia, la perseverancia, la creatividad o cualquier otro valor que resuene con nuestra visión personal del mundo. Para este paso, puedes comenzar listando todos los valores que consideres importantes y luego seleccionar los cinco más esenciales para ti. Estos valores seleccionados servirán como pilares para las decisiones y acciones futuras.

Paso 2: Visualización del legado

Una vez que hemos identificado nuestros valores centrales, el siguiente paso es visualizar cómo estos valores se traducen en acciones y decisiones en nuestra vida cotidiana. ¿Cómo se manifiestan estos valores en nuestras relaciones, en nuestro trabajo y en nuestras contribuciones a la comunidad? Para facilitar este proceso, puedes escribir narrativas cortas o situaciones hipotéticas donde estos valores se pongan en práctica. Por ejemplo, si uno de tus valores fundamentales es la empatía, puedes imaginar y describir cómo actuarías en un conflicto entre amigos, mostrando comprensión y apoyo.

Paso 3: Alineación de acciones y valores

La verdadera prueba de nuestro legado es cómo alineamos nuestras acciones diarias con los valores que hemos identificado. Esto requiere una revisión continua de nuestras prácticas y, a veces, la necesidad de hacer ajustes significativos en nuestra manera de vivir. Para comenzar, plantea metas a corto y largo plazo que reflejen tus valores fundamentales. Estas pueden variar desde metas personales, como mejorar las relaciones familiares a través de una comunicación más abierta, hasta objetivos profesionales o comunitarios, como participar en proyectos que busquen el bienestar colectivo.

Paso 4: Creación de tradiciones y rutinas

Parte de dejar un legado implica la creación de tradiciones y rutinas que puedan ser heredadas y valoradas por otros. Estas no tienen que ser grandes o complicadas; pequeñas prácticas, como reuniones familiares regulares para compartir logros, pueden tener un impacto profundo y duradero.

Paso 5: El aprendizaje continuo

Finalmente, la construcción de un legado intencional es un proceso de aprendizaje continuo sobre nosotros y el impacto que podemos tener en el mundo. Mantente abierto al cambio y a nuevas perspectivas que puedan enriquecer tu comprensión y aplicación de tus valores fundamentales.

Definir el legado que queremos dejar es un ejercicio de introspección y de acción consciente. Nos invita a vivir de manera que, al final de nuestros días, podamos mirar hacia atrás y sentir que hemos contribuido a un mundo más armónico, no solo para nosotros sino para las generaciones venideras.

Viviendo de acuerdo con nuestros valores

Nuestro legado no puede quedarse en planes, proyectos e intenciones. Vivir en coherencia con nuestros valores y principios fundamentales no es una tarea que se completa de un día para otro; es un compromiso de por vida que se pone a prueba en cada decisión y en cada acción. Esto se vuelve especialmente desafiante cuando enfrentamos situaciones complicadas o cuando nuestros errores del pasado parecen pesar más que nuestras aspiraciones para el futuro. De hecho, muchas personas no se sienten dignas de hablar de valores o legados cuando sobre ellos está el peso de acciones pasadas y los errores cometidos, ¿no es verdad? Parece que sentir culpa es una sentencia que nos transforma en seres indignos, en vez de ser vista como lo que es: un llamado a la reparación de nuestros vínculos y de nosotros interiormente.

Aceptación de errores pasados

Es esencial reconocer que todos, sin excepción, cometemos errores. Estos errores, aunque en su momento pueden parecer insuperables, también nos ofrecen oportunidades únicas de aprendizaje y crecimiento. La clave está en no permitir que estos errores definan quiénes somos o limiten nuestro potencial para construir un legado significativo.

Para aquellos preocupados por cómo los errores del pasado pueden afectar el legado que desean dejar, conviene comenzar por la aceptación y el perdón a uno mismo. Esto no significa olvidar o minimizar las consecuencias de nuestras acciones, sino más bien reconocer nuestra humanidad, aprender de estas experiencias y utilizarlas como un catalizador para el cambio positivo.

La cultura de la cancelación y la oportunidad de cambio

En un mundo donde la cultura de la cancelación y los juicios sumarios sociales se han vuelto cada vez más prevalentes, enfrentamos un desafío adicional al intentar vivir de acuerdo con nuestros valores y dejar un legado positivo. Esta tendencia a juzgar y descartar a las personas basándose en errores pasados, sin ofrecer espacio para el reconocimiento del cambio, la reparación o el crecimiento, subraya una necesidad crítica en nuestra sociedad: la de fomentar un entorno que valore la transformación y la redención.

Reconocer que todos, nosotros y nuestros padres, somos capaces de cometer errores, que todos merecemos la oportunidad de aprender de ellos y cambiar, es fundamental para construir relaciones y comunidades más comprensivas y resilientes. La empatía y el perdón no solo son esenciales para nuestra convivencia, también son pilares para la construcción de un legado auténtico y duradero.

- **Empatía:** intentar comprender las circunstancias y factores que llevaron a una persona a actuar de una manera determinada, más que un acto de justicia, es una profunda comprensión de nuestra complejidad humana. Esto no significa excusar el comportamiento dañino, sino más bien buscar entenderlo dentro de un contexto más amplio que permita la posibilidad de cambio.

- **Perdón:** ofrecer perdón, tanto a nosotros como a los demás, es un acto liberador que nos permite avanzar sin estar encadenados al pasado. El perdón abre caminos hacia la reparación y la mejora continua, elementos clave para el desarrollo de un legado positivo.

Reconociendo y celebrando el cambio

Es importante destacar y celebrar los casos en los que las personas, habiendo reconocido sus errores y aprendido de ellos, han logrado cambios significativos en su ser y en su manera de actuar. Estos ejemplos sirven como testimonios poderosos del potencial humano para la transformación y son una fuente de inspiración para otros. Compartir historias de cambio y redención puede ser increíblemente poderoso. Estas narrativas no solo muestran la capacidad de crecimiento personal, también ofrecen esperanza y guía para aquellos en procesos de cambio.

Finalmente, vivir de acuerdo con nuestros valores en la era de la cultura de la cancelación, significa abogar por un enfoque más compasivo y matizado hacia los errores humanos. Al promover una cultura que reconoce la complejidad de la conducta humana y valora las oportunidades para el cambio y la reparación, contribuimos a un legado colectivo de entendimiento, perdón y crecimiento.

Integración de valores en la vida cotidiana

Una vez que nos comprometemos a vivir según nuestros valores, es importante encontrar maneras de integrar estos principios en nuestra vida diaria. Esto puede significar, por ejemplo, tomar decisiones conscientes que reflejen nuestros valores, incluso cuando enfrentamos presiones externas para actuar de otra manera.

Vivir de acuerdo con nuestros ideales también implica enfrentar desafíos y oposiciones. En estos momentos, la resiliencia y la claridad de nuestros principios son fundamentales. Nos ayudan a mantener el rumbo, recordándonos por qué es importante perseverar en este camino, a pesar de las dificultades. La construcción de un legado a través de la práctica diaria de nuestros valores es, en última instancia, una expresión de nuestra más profunda verdad y autenticidad. Al vivir de manera que se refleje lo que valoramos, no solo enriquecemos nuestras vidas, sino también las vidas de aquellos que nos rodean, dejando una huella que perdura mucho más allá de nuestra presencia física.

Creando un legado para ti

La idea de crear un legado evoca la imagen de dejar algo para los demás, una huella que perdura más allá de nuestra presencia física. Sin duda, esto también es así. Sin embargo, un aspecto profundamente personal y que suele pasarse por alto en este proceso es la creación de un legado para uno mismo: una vida vivida con propósito, significado y una profunda comprensión de quién eres realmente. Este enfoque íntimo del legado implica un viaje de autodescubrimiento, autoaceptación y, finalmente, autotransformación.

Los fundamentos de este legado radican en dos componentes clave: la conexión auténtica con uno mismo y el proceso de autorreparentalización. Juntos, estos elementos fomentan un entorno interno desde el cual puede florecer un legado personal significativo.

- **Conexión auténtica:** esto comienza con una exploración sincera de tus valores fundamentales, creencias y los aspectos de tu vida que te brindan una sensación de propósito y alegría. Es un compromiso de vivir de

231

acuerdo con estos principios, asegurándote de que cada elección y acción refleje la esencia de quién eres y lo que valoras.

- **Autorreparentalización:** este es un proceso de sanación profunda, donde aprendes a proporcionarte el amor, el cuidado y la guía que necesitas y que idealmente debió haber venido de las figuras parentales. Significa cultivar una voz interna de apoyo que te nutra y te aliente, especialmente en momentos de duda o dificultad. A través de la autorreparentalización, puedes sanar las heridas del pasado y liberarte de los patrones que ya no te sirven, permitiéndote vivir de manera más auténtica y plena.

El legado de la autotransformación

Crear un legado para ti no se trata solo de lo que logras externamente, sino de cómo te transformas internamente sobre:

- **Crecimiento personal:** tu legado personal incluye las lecciones aprendidas, los desafíos superados y el conocimiento adquirido a lo largo de tu viaje. Cada experiencia, ya sea positiva o negativa, contribuye a tu crecimiento y desarrollo.

- **Influencia positiva:** al vivir de acuerdo con tus valores y al sanar tu pasado, inevitablemente ejerces una influencia positiva en aquellos que te rodean. Tu legado se convierte en un ejemplo de lo que es posible cuando alguien se compromete consigo mismo y con su bienestar.

- **Construyendo relaciones significativas:** al ser auténtico y abierto, invitas a conexiones más profundas y significativas, creando un círculo de influencia basado en la honestidad, la aceptación y el amor.

La importancia de vivir para uno

Finalmente, crear un legado para ti, es un recordatorio poderoso de que tu vida es para vivirla plenamente. No se trata de cumplir con las expectativas de otros o seguir un camino prescrito. Se trata de forjar tu camino, uno que refleje quién eres verdaderamente y lo que deseas contribuir al mundo, incluso si ese mundo es primordialmente el tuyo. Este enfoque hacia la creación de tu legado personal no solo enriquece tu vida, sino que también deja una marca profunda en los demás. Digamos que es un legado de amor propio, resiliencia y autenticidad que inspira a otros a emprender su viaje de autodescubrimiento y autorrealización.

Pero quiero puntualizar que vivir para ti, de ninguna manera significa que los demás no importen o no necesites a nadie. Somos seres sociales y vivimos vidas compartidas e interdependientes. Vivir para uno mismo, en esencia, es reconocer que el punto de partida para cualquier conexión genuina y significativa con otros es una sólida conexión con nuestro ser. Esto nos lleva a darnos cuenta de que, al cuidarnos y honrarnos a nosotros, estamos en mejor posición para cuidar y honrar a los demás.

La interdependencia saludable es el equilibrio entre la autosuficiencia y la cooperación con otros. Reconoce la importancia de nuestras relaciones y cómo estas pueden enriquecer nuestras vidas, al mismo tiempo que valora nuestra capacidad para ser autónomos. En un estado de interdependencia saludable, nuestras relaciones son elecciones conscientes, no necesidades desesperadas para llenar vacíos internos. Esto significa que, mientras valoramos y buscamos la compañía, el amor y el apoyo de los demás, no dependemos exclusivamente de estas fuentes externas para nuestra satisfacción y bienestar.

Vivir para ti, también significa hacer contribuciones significativas al mundo que te rodea. Estas contribuciones no tienen por qué cambiar al mundo; pueden ser tan simples y poderosas como ofrecer amabilidad, compartir una sonrisa o apoyar a un amigo en necesidad. Al estar en contacto con tu esencia y vivir de manera auténtica, naturalmente te vuelves una fuente de luz y positividad para los demás, extendiendo el impacto de tu legado personal más allá de tus logros individuales.

La autenticidad y la vulnerabilidad son fundamentales para vivir para ti. Ser auténtico significa ser fiel a tus valores, creencias y deseos, incluso cuando estos no se alinean con las expectativas de los demás. La vulnerabilidad, por otro lado, es la disposición a mostrarte tal como eres, con todas tus fortalezas y debilidades, lo que permite conexiones más profundas y significativas. A través de la autenticidad y la vulnerabilidad, te abres a experiencias más ricas y a relaciones más auténticas.

Entonces, vivir para ti, es una búsqueda continua de equilibrio entre cuidarte y estar disponible para los demás, entre perseguir tus pasiones y contribuir al bienestar colectivo, entre ser independiente y cultivar relaciones significativas. Este equilibrio no siempre es fácil de alcanzar y puede requerir ajustes constantes, pero es esencial para una vida plena y significativa.

Abrazando la autonomía: más allá de las sombras parentales

Has pasado por mucho para llegar hasta aquí, revisando y entendiendo las complejidades de tus relaciones con tus padres. Te has enfrentado a recuerdos, a dolores y a verdades incómodas; pero también has redescubierto alegrías y lecciones valiosas. Todo este proceso te ha preparado para este momento: tomar control total sobre tu vida y lo que deseas de aquí en adelante.

Ahora, piensa en esto: estás en un punto de tu vida donde puedes decidir qué sigue. No se trata de olvidar de dónde vienes o a quiénes debes ciertas cosas, sino de reconocer que tu vida es tuya y que las decisiones que tomes no tienen que estar atadas a expectativas o patrones del pasado. Quizá te preguntes: "¿Y ahora qué? ¿Cómo sigo adelante llevando todo esto?" Bueno, la respuesta está en las decisiones cotidianas, en cómo eliges vivir cada día, cómo te tratas a ti y a los demás, y cómo decides dejar atrás aquello que ya no te sirve. Es un proceso continuo, una serie de elecciones que reflejan quién eres y quién quieres ser.

Este camino que estás recorriendo, lleno de aprendizajes y reflexiones profundas, es algo que solo tú has vivido. Nadie más puede entender completamente cada paso, cada revés o cada victoria de la manera en que tú lo haces. Eso te da una perspectiva única y valiosa sobre tu vida. Ahora es el momento de que te preguntes: "¿Qué es lo más importante para mí? ¿Qué quiero de verdad?" Tal vez quieras hacer cambios grandes, como empezar una nueva carrera, mudarte a otro lugar o tal vez buscar maneras de vivir tus días más alineado con tus valores y lo que te hace feliz. Sea lo que sea, este es tu momento para hacerlo realidad.

Recuerda que no tienes que tener todas las respuestas ahora mismo. Parte de este proceso es explorar, cometer errores, aprender de ellos y seguir adelante. Lo importante es que estás en el asiento del conductor, tomando decisiones autónomas para tu bienestar y felicidad.

Quizá te encuentres en situaciones donde las expectativas de los demás o las voces de tus padres intenten influir en tus decisiones. Es normal, somos seres sociales y las opiniones de los que nos rodean pueden ser poderosas. Pero aquí es donde tu trabajo interior es tu punto de apoyo. A través de lo que hasta aquí hemos compartido ya has aprendido a reconocer esas voces, a entender de dónde vienen y ahora puedes elegir conscientemente, si las acoges o si decides seguir tu camino. Este es también un buen momento para reflexionar sobre las relaciones en tu vida. ¿Están alineadas con quien eres y lo que quieres? No se trata de hacer una limpieza drástica, sino de ser honesto contigo sobre lo que necesitas en términos de apoyo, amor y comprensión. Construir y mantener relaciones saludables es un pilar clave en la construcción de tu legado.

Este es un viaje que sigue y sigue. No hay una línea de meta porque la vida se trata de crecer, cambiar y adaptarse. Lo grandioso de esto es que siempre hay más que aprender, más amor para dar y recibir, y siempre hay nuevas maneras de ser tú, de manera más auténtica y plena.

Resiliencia y adaptabilidad como pilares para tu legado

Pero el camino no será siempre recto ni libre de obstáculos. La vida, con su naturaleza cambiante, nos presenta retos, giros inesperados y oportunidades de crecimiento. Aquí es donde la resiliencia y la adaptabilidad surgen no solo como habilidades esenciales, sino como guías en la búsqueda de dejar una huella significativa en el mundo. La resiliencia nos enseña a levantarnos después de caer, a encontrar luz en los momentos de oscuridad y a ver los desafíos no como finales, sino como capítulos importantes en nuestra historia personal. La adaptabilidad, por otro lado, nos permite fluir con los cambios, ajustando nuestras velas cuando los vientos cambian de dirección, asegurando que seguimos avanzando hacia nuestros objetivos más queridos, incluso si el destino final parece tomar una forma diferente a la que inicialmente imaginamos.

Esta sección se dedica a explorar cómo, al cultivar la resiliencia y la adaptabilidad, podemos transitar por la vida de una manera que no solo honra nuestro legado deseado, sino que también enriquece nuestra experiencia, transformándonos en personas con mayor fortaleza interior. Podemos adoptar varias prácticas y perspectivas que enriquecerán nuestro viaje. Estas estrategias no solo nos ayudarán a enfrentar los desafíos con determinación, sino que también fomentarán una profunda transformación personal para ser más sabios y compasivos. Veamos:

1. **Aceptar que el cambio es constante:** reconocer y aceptar que el cambio es una constante en la vida es el primer paso hacia el desarrollo de la resiliencia y la adaptabilidad. Esta aceptación nos permite liberarnos de la resistencia inútil y nos prepara para adaptarnos de manera más fluida a las nuevas circunstancias.

2. **Desarrollar una mentalidad de crecimiento:** ver los desafíos como oportunidades para aprender y crecer es fundamental. Una mentalidad de crecimiento nos impulsa a abordar los obstáculos con curiosidad y apertura, lo que nos permite extraer lecciones valiosas de cada experiencia, sin importar cuán difícil sea.

3. **Cultivar la gratitud:** la práctica de la gratitud nos ayuda a mantener una perspectiva positiva, incluso en tiempos difíciles. Agradecer cambia nuestra mirada y la enfoca en lo que tenemos y en los aspectos positivos de nuestras vidas; podemos alimentar un sentido de bienestar que sustenta nuestra resiliencia.

4. **Construir redes de apoyo:** las relaciones significativas y el apoyo mutuo son esenciales para nuestra capacidad de adaptarnos y recuperarnos de los retos. Rodearnos de personas que nos inspiran, nos apoyan y nos comprenden puede ser una fuente inestimable de fuerza y motivación. En este caso te das cuenta de que aislarte te puede dar una sensación de falsa seguridad, pero la compañía empática de otros es el fertilizante que te ayudará a crecer.

5. **Practicar la autocompasión:** ser compasivos con nosotros, especialmente durante los momentos de fracaso o dificultad, es esencial para mantener nuestra resiliencia. La autocompasión implica tratarnos con la misma amabilidad y cuidado que ofreceríamos a un buen amigo en una situación similar. Y es que no me dejarán mentir, pero solemos ser más compasivos con otros y más duros con nosotros bajo circunstancias similares. A veces con el amigo somos bien pacientes, pero con nosotros muy demandantes.

6. **Mantenerse anclado en el presente:** la práctica de la atención plena nos enseña a permanecer centrados en el momento presente, lo que puede ayudarnos a transitar por la incertidumbre con mayor serenidad. Al enfocarnos en el aquí y el ahora, podemos tomar decisiones más claras y conscientes que estén alineadas con nuestro legado deseado. Cuántas veces nos perdemos en temores futuros, escenarios catastróficos o recuerdos que alimentan nuestro resentimiento. El

futuro no ha llegado y el pasado ya no está, lo que nos queda es forjar nuestro presente de una manera que nos conduzca por un mejor camino.

7. **Celebrar los logros y aprender de los fracasos**: reconocer y celebrar nuestros éxitos, por pequeños que sean, fortalece nuestra confianza y nos motiva a seguir adelante. De manera similar, reflexionar sobre nuestros fracasos con una actitud de aprendizaje nos ayuda a identificar áreas de mejora y nos prepara mejor para futuros desafíos. Piensa en tu parte emocional interna que es como un niño que habita dentro de ti. Para él es muy importante saber que te sientes orgulloso de sus logros que eres capaz de consolarle y seguirlo motivando cuando no los obtiene. Hace sentido, ¿no es así?

8. **Ser flexible con nuestros planes y objetivos**: mientras trabajamos hacia la construcción de nuestro legado, es importante mantener cierta flexibilidad en nuestros planes y objetivos. Esta apertura nos permite ajustar nuestro curso según sea necesario, aprovechando nuevas oportunidades y adaptándonos a cambios imprevistos. Si somos demasiado rígidos en nuestras metas, nos vamos a frustrar con mucha frecuencia.

Y aquí estamos llegando, ahora sí, al final de este libro, pero justo en la línea de salida de lo que sigue. Después de todo lo que hemos desmenuzado, analizado y sentido juntos, llega un punto en el que miras hacia adelante y te preguntas: "¿Y ahora qué?"

Bueno, pues lo que viene ahora depende en gran medida de ti. Sí, de ti, con tus virtudes, tus defectos y tu capacidad para levantarte cada vez que la vida te ponga un obstáculo. Este proceso de indagar y analizar en nuestras historias, entenderlas y decidir qué queremos hacer con ellas, no es más que un trampolín hacia eso que todos buscamos: una vida que al final del día sientas que valió la pena.

La vida, con sus altibajos, nos pone constantemente a prueba. Va a haber días en los que todo lo que aprendiste aquí te va a servir de gran ayuda y vas a sentir que el camino es claro y libre para ti. Pero, voy a ser honesto, también habrá días en los que te vas a preguntar si realmente aprendiste algo. Esos días son igual de importantes. Son los que realmente ponen a prueba tu compromiso con este viaje personal que has decidido emprender.

No te voy a mentir, no es fácil destrabar a las voces parentales, recolocarlas y forjar nuestro legado. Pero cada elección que hagas, cada paso que des hacia esa versión de ti que te hace sentir orgulloso, cuenta. Y ya lo dije, no tienen que ser actos heroicos o cambios radicales; a veces, son las pequeñas cosas las que más peso y efectividad tienen. Además, ya vimos que con la gratitud, un momento en el que eliges no perder la paciencia o una decisión que refleje lo que realmente valoras... ahí es donde se construye un legado.

Siempre puedes volver al capítulo o párrafo que necesites. Reflexionar, volver a leer o escuchar mientras continúas por la vida con una mezcla de seriedad y ligereza. Sí, suena contradictorio, pero es posible. Tómate en serio el proyecto de vivir de acuerdo con tus valores, pero no te olvides de mirar el libro de tu vida y reírte de ti mismo cuando sea posible. La perfección es una ilusión y los tropezones son parte del camino.

Al final, lo que importa no es solo lo que dejas atrás, sino cómo vives cada día. La idea es que, cuando mires hacia atrás, puedas decir: "Sí, así es como quería vivir. Así es como quería ser recordado." La meta es que ya no tengas que silenciar a aquellas voces porque hoy la tuya resuena con más fuerza.

¿Qué vimos en este capítulo?

Nuestras acciones, palabras y decisiones diarias son piezas clave en la construcción del legado que deseamos dejar, subrayando la importancia de vivir de acuerdo con nuestros valores más profundos.

Un ejercicio de autoanálisis nos ayuda a identificar valores positivos, creencias limitantes y patrones de comportamiento y actitudes heredadas que influyen en la vida.

Es muy importante identificar nuestros valores fundamentales y visualizar aquello que queremos crear, asegurando que nuestras acciones cotidianas reflejen esos valores.

Enfrentar los errores del pasado y la cultura de la cancelación puede complicar la percepción de nuestro legado. La importancia del perdón y la empatía es crucial en este proceso.

Es posible construir un legado para nosotros que refleje un propósito y un significado profundo, incorporando la autorreparentalización y una conexión auténtica con uno mismo.

La resiliencia y adaptabilidad nos permiten afrontar los desafíos y cambios, enriqueciendo nuestra experiencia de vida y fortaleciendo el legado que construimos.

Ejercicio sugerido para este capítulo

"Carta desde mi futuro Yo"

Objetivo: este ejercicio tiene como fin conectar con tus aspiraciones futuras y concretar los valores y acciones que definirán el legado que deseas construir.

Materiales: ten a mano papel y bolígrafo o cualquier instrumento de escritura.

Preparación: encuentra un espacio tranquilo y cómodo donde puedas reflexionar sin interrupciones.

Visualización: cierra los ojos por un momento y visualiza cómo te gustaría que fuera tu vida dentro de 3, 5 o 10 años. Piensa no solo en tus logros y en lo material, sino también en cómo te gustaría sentirte, en las relaciones que deseas haber cultivado y en el impacto que esperas tener en tu comunidad o en el mundo. Imagina que ya estás en ese futuro y que te conviertes en tu Yo futuro.

Redacción de la carta: desde tu Yo futuro, escribe una carta a tu Yo presente contándole lo que "ya has logrado":

- Los valores que has decidido que guíen tu vida y cómo estos se reflejan en tus acciones diarias.
- Los logros, tanto grandes como pequeños, que has alcanzado, siempre vinculados a tus valores y al legado que deseas dejar.
- Los desafíos que has enfrentado y cómo los superaste, manteniendo tu integridad y tus valores.
- Las maneras en que has contribuido a las vidas de otros y al mundo en general.

Respuesta y compromiso: al terminar la carta, imagina que vuelves a ser el Tú del presente. Lee la carta ahora desde esta perspectiva y toma otra hoja de papel. Escribe una carta como respuesta a tu Yo del futuro, haciendo un compromiso. Puede ser un pequeño paso que tomarás en los próximos días o una promesa más grande sobre cómo vivirás tu vida de acuerdo con los valores y el legado que deseas construir.

Guarda ambas cartas: guárdalas en un lugar seguro y pon una fecha en el futuro para abrirlas y leerlas. Estas cartas servirán como un recordatorio poderoso de tus intenciones, aspiraciones y el cumplimiento de los compromisos que has realizado con tu Yo del futuro.

Reflexión final: después de completar este ejercicio, tómate unos momentos para reflexionar sobre cómo te sientes y sobre cualquier revelación que haya surgido. Recuerda que construir un legado es un proceso continuo y que cada paso que das hacia tus aspiraciones cuenta.

Revisión anual

- **Planificación:** antes de concluir el ejercicio, establece un recordatorio en tu calendario para dentro de un año a partir de hoy. Este será un momento dedicado para revisar las cartas que escribiste: la del futuro Yo y tu respuesta comprometida con el Yo presente.
- **Objetivo de la revisión:** cuando llegue la fecha, tómate el tiempo para leer ambas cartas. Reflexiona sobre los progresos que has hecho hacia los logros y los valores que definiste. Evalúa qué tan alineadas están tus acciones actuales con las intenciones que planteaste y considera cualquier ajuste necesario para seguir encaminado hacia el legado que deseas dejar.
- **Acción siguiente:** después de esta revisión, escribe una nueva carta desde tu Yo presente, reflexionando sobre los logros y los retos del año pasado. Define acciones y metas para el próximo año, asegurándote de que continúan alineadas con tus valores y el legado que quieres construir. Este proceso de revisión anual no solo te ayudará a mantener tus objetivos claros y presentes, también te permitirá ver el crecimiento y los cambios en tu vida a lo largo del tiempo.

CONCLUSIONES

"Pero los niños no se quedan contigo si lo haces bien.
Es el único trabajo en el que, cuanto mejor seas,
más seguro será que no te necesiten a largo plazo."
BARBARA KINGSOLVER, Cerdos en el cielo

A lo largo de este libro, hemos explorado cómo las voces de nuestros padres, esos ecos del pasado, han moldeado nuestra percepción de nosotros y del mundo, tanto en forma positiva como negativa. Hemos descubierto cómo, incluso en la adultez, seguimos dialogando con esos ecos del pasado que resuenan en nuestras decisiones y en nuestros sentimientos más íntimos porque no son como meros recuerdos, sino más bien influencias vivas que, a veces sin permiso, aconsejan, critican o incluso reprimen. Reconocer estas voces es el primer paso para transformarlas. No buscamos silenciarlas realmente, sino convertirlas en guías que respeten nuestra autonomía.

Hemos aprendido también la importancia de distinguir entre la voz de nuestros padres y nuestra voz. Este proceso de diferenciación no ha sido un mero acto de discernimiento, sino uno de auténtica apropiación: hemos aprendido a tomar lo que es útil y a transformar o descartar lo que no lo es. Así reafirmamos nuestro derecho a seleccionar las influencias que queremos permitir en nuestras vidas y podemos reescribir esos mensajes internalizados, no con el objetivo de borrar nuestra historia, porque eso no es posible, sino de escribir una nueva narrativa en la que somos los protagonistas y no meros actores secundarios en nuestras vidas. Este proceso de transformación es esencial para nuestro crecimiento personal y para la autenticidad de nuestras relaciones.

Finalmente, hemos aprendido a establecer límites saludables con estas voces. La autonomía emocional cultivada no implica una separación distante, sino un espacio de respeto mutuo. Aquí podemos amar a nuestros padres y, a la vez, amarnos a nosotros como individuos completos y únicos, incluso cuando las personas en esos roles no sean fáciles de amar. Estos límites nos permiten interactuar con el mundo no como nos enseñaron exclusivamente, sino como realmente deseamos hacerlo.

A lo largo de nuestra conversación he subrayado que este camino está lleno de desafíos significativos. No es un viaje sencillo, y en él, nos encontramos con varios desafíos relevantes. Obstáculos que pueden parecer formidables y hasta abrumadores al principio, pero que, con estrategias claras y determinación, ya te diste cuenta de que es posible afrontarlos y avanzar hacia una mayor autonomía emocional.

Muchos de nosotros enfrentamos sentimientos de culpa al distanciarnos o al cuestionar las enseñanzas y expectativas de nuestros padres. La lealtad familiar a menudo nos hace sentir traidores por cuestionar su influencia. Se dice que la oveja negra es aquella que se atreve a tomar su camino sin seguir al rebaño; desde esa perspectiva, es posible que nos vean así. Sin embargo, si consideramos nuestra vida desde una visión más amplia, dejamos de ser ovejas para convertirnos en zorros astutos, que discretamente trazan su rumbo para asegurar su supervivencia. Es liberador cuando reconocemos que buscar nuestra voz y nuestro camino no significa rechazar a nuestros padres, en especial, cuando establecemos límites saludables.

Y por supuesto que, en ocasiones, por deseado o liberador que sea, el cambio también puede ser aterrador, especialmente cuando implica desafiar las estructuras familiares arraigadas y las expectativas establecidas. Este miedo puede paralizarnos, evitando que tomemos medidas para desarrollar nuestra voz. ¿Y cómo no?, si al parecer el costo es alto cuando se percibe que consiste en el rechazo, desamor o hasta abandono emocional. Empezar con pequeños pasos es una manera efectiva de manejar el miedo al cambio. Establecer metas a corto plazo que nos lleven gradualmente hacia una mayor independencia puede hacer que el proceso sea menos abrumador. Además, el apoyo de amigos, otros miembros de la familia o hasta profesionales de la salud mental pueden proporcionar la motivación y la perspectiva necesaria para seguir adelante a pesar del miedo.

Lograr un cambio es solo el principio, mantenerlo es el desafío continuo. Los obstáculos, ya sean expectativas familiares, presiones sociales o nuestro estrés y ansiedad, pueden provocar aparentes retrocesos. Sin embargo, cada paso hacia adelante refuerza nuestra autonomía y fortalece nuestra resiliencia.

Al cerrar este libro y reflexionar sobre nuestro viaje juntos, te invito a mirar hacia adelante con esperanza y determinación. Has explorado profundamente cómo las voces del pasado influyen en tu presente y has aprendido herramientas valiosas para moldear el futuro que deseas. Ahora, el próximo paso es tuyo. Te animo a que tomes acciones concretas:

- Reflexiona sobre los cambios que deseas implementar en tu vida, basados en los descubrimientos de este libro.
- Escribe al menos un objetivo concreto que refleje este cambio y comprométete a revisarlo regularmente.

- Comparte tus aprendizajes con alguien de confianza, ya que hablar sobre tus intenciones puede fortalecer tu compromiso con ellas.

Recuerda, el legado que dejas no se define solo por lo que logras, sino por cómo influyes en los demás y cómo te enfrentas a los retos de la vida. Cada día ofrece una nueva oportunidad para impactar positivamente en tu mundo y en ti. No esperes a que las circunstancias sean perfectas; empieza ahora, desde donde estás, con lo que tienes. Tu viaje hacia un legado significativo y auténtico comienza con un paso, seguido por otro, y luego otro más. Confía en el proceso, celebra cada pequeña victoria y no te desanimes por los desafíos o los pasos en falso.

Gracias por acompañarme en este viaje hacia la independencia y la autoafirmación. Espero que este libro y mis palabras te hayan inspirado no solo a cuestionar, sino a redefinir cómo respondes a las voces del pasado, encontrando la paz en tu camino y en tus propios términos. Adelante, el futuro es tuyo.

Bibliografía

- Ainsworth, M. D. S. (1969). "Object relations, dependency, and attachment: A theoretical review of the infant-mother relationship." Child development, 969-1025.

- Albalooshi, S., Moeini-Jazani, M., Fennis, B. M., & Warlop, L. (2020). "Reinstating the resourceful self: when and how self-affirmations improve executive performance of the powerless." *Personality and Social Psychology Bulletin*, 46(2), 189-203.

- Badinter, E. (1984). "¿Existe el instinto maternal?: historia del amor maternal, siglos XVII al XX" (Vol. 1 de *Padres e hijos*). Paidós.

- Bradshaw J., Woodman M., Jung C. G., Bettelheim B., y otros. Edición Jeremiah Abrams. *Recuperar el niño interior Kairós*, 2022.

- Brandrick, C., Hooper, N., Roche, B., Kanter, J., & Tyndall, I. (2021). "A comparison of ultra-brief cognitive defusion and positive affirmation interventions on the reduction of public speaking anxiety." *The Psychological Record*, 71, 109-117.

- Bretherton, I. (2014). "Fathers in attachment theory and research: A review." *Emerging Topics on Father Attachment*, 9-23.

- Brinthaupt, T. M., & Morin, A. (2023). "Self-talk: research challenges and opportunities." *Frontiers in Psychology*, 14.

- Cascio, C. N. (2015). *Self-affirmation activates brain systems associated with self-related processing and reward and is reinforced by future orientation.* Christopher N. Cascio, Matthew Brook O'Donnell, Francis J. Tinney, Jr. 2, Matthew D. Lieberman 3, Shelley E. Taylor 3, Victor J. Strecher 2, & Emily B. Falk University of Pennsylvania, University of Michigan 2, University of California, Los Angeles 3.

- Cori, J. L. (2010). "The emotionally absent mother: A guide to self-healing and getting the love you missed." *The Experiment.*

- Cori, J. L. (2023). *La madre emocionalmente ausente: Cómo reconocer y sanar los efectos invisibles del abandono emocional infantil.* (F. Prims Terradas, Trad.). Editorial Sirio.

- Cortina Mauricio, Marrone Mario, *Apego y Psicoterapia*, Psimática Apego, Madrid 2017.

- Cyrulnik Boris, *Los patitos feos*, Gedisa, Barcelona, 2006.

- DeYoung, P. A. (2015). *Understanding and Treating Chronic Shame: A Relational/Neurobiological Approach.* Taylor & Francis.

- Del Olmo Garcia, C. (2016). "¿Dónde está mi tribu?: Maternidad y crianza en una sociedad individualista" ["where is my tribe?: Motherhood and parenting in an individualistic society"]. Clave Intelectual.

- Duncan, C., & Cacciatore, J. (2015). "A systematic review of the peer-reviewed literature on self-blame, guilt, and shame." *OMEGA-Journal of Death and Dying,* 71(4), 312-342.

- Dutcher, J. M., Creswell, J. D., Pacilio, L. E., Harris, P. R., Klein, W. M., Levine, J. M., & Eisenberger, N. I. (2016). "Self-affirmation activates the ventral striatum: a possible reward-related mechanism for self-affirmation." *Psychological Science,* 27(4), 455-466.

- Easterbrook, M. J., Harris, P. R., & Sherman, D. K. (2021). "Self-affirmation theory in educational contexts." *Journal of Social Issues,* 77(3), 683-701.

- Falk, E. B., O'Donnell, M. B., Cascio, C. N., Tinney, F., Kang, Y., Lieberman, M. D. & Strecher, V. J. (2015). "Self-affirmation alters the brain's response to health messages and subsequent behavior change." *Proceedings of the National Academy of Sciences,* 112(7), 1977-1982.

- Feeney, D. M. (2022). "Positive Self-Talk: An Emerging Learning Strategy for Students With Learning Disabilities." *Intervention in School and Clinic,* 57(3), 189-193.

- Forward, S., & Glynn, D. F. (2014). *Mothers Who Can't Love: A Healing Guide for Daughters.* HarperCollins.

- Gornick, V. (2017). *Apegos feroces.* Editorial Sexto Piso.

- Hannah Barbara, *El Viaje Interior,* Fata Morgana, México 2010.

- Hannah Barbara, *Encuentros con el alma: Imaginación Activa,* Fata Morgana.México 1981.

- Hill, Z., Spiegel, M., & Gennetian, L. A. (2020). "Pride-based self-affirmations and parenting programs." *Frontiers in psychology,* 11, 910.

- Jacoby Mario, *El encuentro analítico,* Fata Morgana, Mexico 2005.

- Jiménez-Iglesias, A., & Moreno, C. (2015). "La influencia de las diferencias entre el padre y la madre sobre el ajuste adolescente." *Anales de Psicología,* 31(1), 367-377.

- Julien, P. (2002). *Dejarás a tu padre y a tu madre.* Siglo XXI.

- Kalmijn, M. (2020). "Guilt in adult mother–child relationships: Connections to intergenerational ambivalence and support." *The Journals of Gerontology: Series B,* 75(4), 879-888.

- Lakuta, P. (2020). "Using the theory of self-affirmation and self-regulation strategies of mental contrasting and forming implementation intentions to reduce social anxiety symptoms." *Anxiety, Stress, & Coping,* 33(4), 370-386.

- Lye, D. N. (1996). "Adult child–parent relationships." *Annual review of sociology,* 22(1), 79-102.

- Manzo Chávez, M. del C., Vázquez García, I. Y., Jacobo Jacobo, M., & Tenorio Cansino, B. (2011). "Maternidad y paternidad: una reflexión desde el psicoanálisis." *Uaricha, Revista de Psicología,* 8(16), 1–11.

- Marrone Mario, *Apego y Motivación,* Psimática Apego, Madrid 2014.

- Marrone Mario, *La teoría del apego,* Psimática, Madrid, 2009.

- McBride, K. (2018). *Mi mamá no me mima: cómo superar las secuelas provocadas por una madre narcisista.* (M. I. Merino Sánchez, Trad.). Urano.

- Palomar Verea, C. (2018). "No toda madre es feliz por serlo: reseña de madres arrepentidas. Una mirada radical a la maternidad y sus falacias sociales." *Debate Feminista,* 56. https://doi.org/10.22201/cieg.2594066xe.2018.56.06

- Poncet-Bonissol, Y. (2013). *La relación madre-hija.* Ediciones Obelisco.

- Posada, G., & Jacobs, A. (2001). "Child–mother attachment relationships and culture."

- Recalcati, M. (2018). *Las manos de la madre: Deseo, fantasmas y herencia de lo materno.* (C. Gumpert, Trad.). Editorial Anagrama.

- Recalcati, M. (2020). *El secreto del hijo.* (C. Gumpert, Trad.). Editorial Anagrama.

- Riedel Ingrid, *Más allá del mundo de la madre,* Fata Morgana, México 2006.

- Samuels Andrew, *El Padre,* Fata Morgana. México 2016.

- Santos-Rosa FJ, Montero-Carretero C, Gómez-Landero LA, Torregrossa M, Cervelló E. "Positive and negative spontaneous self-talk and performance in gymnastics: The role of contextual, personal and situational factors." *PLoS One.* 2022 Mar 24; 17(3):e0265809. doi: 10.1371/journal.pone.0265809. PMID: 35325003; PMCID: PMC8947089.

- Tod, David & Hardy, James & Oliver, Emily. (2011). "Effects of Self-Talk: A Systematic Review." *Journal of sport & exercise psychology.* 33. 666-87. 10.1123/jsep.33.5.666.

YA DÉJAME EN PAZ, MAMÁ (Y TÚ TAMBIÉN, PAPÁ)

- Venta, A., Walker, J., Bailey, C., Long, T., Mercado, A., & Colunga-Rodríguez, C. (2022). "The importance of attachment to fathers in Latinx mental health." *Journal of Social and Personal Relationships*, 39(5), 1508-1528.

- Wolfberg Elsa y Marrone Mario, *Parentalidad y teoría del apego Volumen I*, Psimática Apego, Madrid 2021.

- Wolfberg Elsa y Marrone Mario, *Parentalidad y teoría del apego Volumen II*, Psimática Apego, Madrid 2022.

- Wolfberg Elsa y Marrone Mario, *Parentalidad y teoría del apego Volumen III*, Psimática Apego, Madrid 2023.

- Yaratan, H., & Yucesoylu, R. (2010). "Self-esteem, self-concept, self-talk and significant others' statements in fifth grade students: Differences according to gender and school type." *Procedia - Social and Behavioral Sciences*, 2(2), 3506-3518.

Esta obra se terminó de imprimir
en el mes de septiembre de 2024,
en los talleres de Litográfica Ingramex S.A. de C.V.,
Ciudad de México.